經典
60

法律

[英] 羅伯特·霍克特 (Robert Hockett) 著

王　凡　祖利軍　譯

商務印書館

Little Book of Big Ideas: Law
By Robert Hockett
First published in the United States of America in 2009
Copyright © Elwin Street Limited 2009

Conceived by Elwin Street Limited
Copyright Elwin Street Limited 2009
    144 Liverpool Road
    London
    N1 1LA
    www.elwinstreet.com

Complex Chinese language published in agreement with
Elwin Street Ltd, through The Grayhawk Agency.
本書譯文由北京大學出版社有限公司授權繁體字版使用

經典60：法律

作　　者：[英] 羅伯特・霍克特

譯　　者：王　凡　祖利軍

責任編輯：洪子平

封面設計：張　毅

出　　版：商務印書館 (香港) 有限公司

　　　　　香港筲箕灣耀興道 3 號東滙廣場 8 樓

　　　　　http://www.commercialpress.com.hk

發　　行：香港聯合書刊物流有限公司

　　　　　香港新界大埔汀麗路 36 號中華商務印刷大廈 3 字樓

印　　刷：中華商務彩色印刷有限公司

　　　　　香港新界大埔汀麗路 36 號中華商務印刷大廈 14 字樓

版　　次：2012 年 7 月第 1 版第 1 次印刷

　　　　　© 2012 商務印書館 (香港) 有限公司

　　　　　ISBN 978 962 07 6496 7

　　　　　Printed in Hong Kong

目　錄

法理學家、法律學家和司法思想家

國際法創始人

前　言

法律是極具有說服力且與我們關係密切的制度。但若有人問我們法律是甚麼，我們很可能不知如何作答。從這個方面來說，法律堪比數學，大多數人會數數、乘除等，但如果有人問：「甚麼是數字？」我們很可能一片茫然，只能含含糊糊地回答：「你知道，就像 0、1、2 等等，這就是數字。」

同樣，本書旨在通過借助特定實例，來傳達「法律是甚麼」這一概念。本書中的例子包含了 50 位重要的法律人物，其中有些人與特定的制度、法規、學說或文件有關，這些材料同他們自身的知名度不相上下，甚至更勝一籌。另外，本書還包含了 10 個關鍵概念，這些概念是過去幾千年法庭上執行的法律思想和訴訟的核心。

本書的指導思想是希望讀者通過閱讀這本分門別類的法律樣本（sampler），能夠像暸解算術一般，至少大略知曉法律及其思想、執行、制度和權威人物。同時也希望讀者閱後產生進一步暸解法律的渴望。

本書大部分採用抽樣的方法，但我們同樣可以對法律進行一番大致的評論。而後，我們再試着給出「甚麼是法律」這個總體屬性的定義。

早在亞里士多德做出人類是「政治動物」這個眾所周知的論斷之前，人們已經認識到，人是具有社會性的，正是這個事實將人類與其他生物區別開來。我們不僅要生活，而且實際上是要同進同退。甚至我們作為個人完成的很多事情，都是為了防止共享制度的倒退。

　　以語言或金錢「制度」為例。我們經常獨自思考或單獨經營，然而我們每個人都可以借助表達和談判之便 —— 共享的詞彙和法律的支持使其成為可能。在某種意義上，諸如此類的結構和制度都是「法律」。有些模式或結構只在「自發規律性」的意義上成為法律。它們是受到廣泛認可的傳統，正如我們通過「是」這個詞表示肯定一樣。

　　從另一個社會來訪的社會學家或語言學家可能會說，遵從這些常規的人們傾向於「根據慣例」或「用類似法律方式」的方法來行動。當然，我們有時也談及「自然規律」，即物理實體及某些非人類動物的活動所具有的相似規則性。

　　法庭之上或立法意義上的「法律」與這些案例的區別可能僅僅是：政治當局業已公佈及執行的法律是經過深思熟慮選擇的規則。我們並不是僅僅出於巧合而進入這種模式，而是經過設計、制定而後執行該模式。

　　這樣一來，被設計、制定而後執行的法律潛在地變成了一種莫大的祝福，亦為一種強大的詛咒。因為它給我們提供機會來決定模式和規則，我們可藉此機會相互影響、相互作用。它因而可以通過改善我們生活的方式 —— 無論是作為個人、家庭成員、黨派成員，還是最終作為公民 —— 給我們

提供明智地、公正地模仿我們之間的相互影響的可能性。

　　書中討論的一切人物、法規、制度和觀念，都可視作對共同的努力做出貢獻的人和物，這些努力使我們得以用一種能使每個人都享有美好生活的方式，來理智公正地安排社會。

羅伯特‧霍克特

巴比倫法律創始人

漢謨拉比 (Hammurabi)

漢謨拉比是古巴比倫美索不達米亞城的第六代國王，也是後來巴比倫王國的第一位君王。從漢謨拉比時代開始，巴比倫便成為有記載的歷史的中心，而漢謨拉比憑藉他治下的公共建設及軍事征戰聞名於世。然而，他在司法判決和法圖像學中的重要地位主要還得歸功於他早期的法規。

- 公元前 1795 年出生於巴比倫，公元前 1750 年卒於巴比倫。

- 制定了第一部為公眾所用的法典。

漢謨拉比於公元前 1792 年繼承了巴比倫王位，其父辛穆巴里特 (Sinmuballit) 為第一王朝國君。當時，巴比倫是美索不達米亞地區（今伊拉克）幾大城邦列強之一，這些城邦常為爭奪肥沃的底格里斯平原和幼發拉底平原的控制權而展開混戰。在文化上，巴比倫在當時幾大勢力中影響力最大，在漢謨拉比時代之前，已經對數塊其他領地形成了政治上的統治。

漢謨拉比在即位後最初的幾十年間，利用地區的和平時期，發起並監督了多項重大的公共工程項目，包括擴建城邦神殿、構築城牆的防禦工事、依照天文記錄改進曆法以及管理巴比倫治下的洪泛區和大批牧群。公元前 1766 年至公元前 1750 年間，巴比倫在對伊勒姆、拉爾薩、馬里等王國的幾場戰爭中獲勝，從此獲得了對美索不達米亞大部分地區無可爭議的統治權。漢謨拉比在和平中又統治了 10 年，直至公元前 1750 年去世。

除了公共建設之外，漢謨拉比的主要遺產在於他統治早期為巴比倫頒布的法典。著名的《漢謨拉比法典》現如今之所以最廣為人知，也許是法典中關於復仇法的條款使然：「以眼還眼，以牙還牙。」這句話用巴比倫當地語言阿卡得語銘刻於 12 根石柱之上，立於城中心，如此一來，所有人——至少識文斷字之人，都可以看到（實物現藏於巴黎羅浮宮內）。這種公佈形式為後來的法典編撰和法治的概念確立了先例。該法典還提出俗世統治者永遠擁有改變法典的權力。該權力後來由法典上增加的碑銘得以加強，碑銘大意是漢謨拉比從太陽神沙瑪什（Shamash）之處獲得該法。這個有關統治者權力的主張被視為「高級司法」權威的早期陳述，極可能為後來的自然法以及自然權利的概念開了先河。

辯護證據

（Exculpatory evidence）：在刑事審判中對被告有利的證據，可以為被告澄清罪行。定罪證據用於證明被告的罪行。

儘管漢謨拉比法典的 282 項條款專注於犯罪事件以及刑罰，但它們也包含了一些更加「進步」的元素，這些元素在今天的大多數法規中仍有延續，其中包括證據推定的原則以及被告提供辯護證據的權利。

> 毀人目者，眾亦毀其目。
>
> ——《法典》

漢謨拉比作為早期法典編纂者和立法者，具有重要影響，直至今日，他的形象還常見於很多城市藝術和建築中。

立憲主義與法治

在所有關於有效政府構想的概念中，尤其具有現代理想特點的是法治，或曰非人治的法律政府。這個概念的本質是：法律是原則或規則的系統，所有個體 —— 包括執政者 —— 都是對象，即使是元首也要受法律的約束，這有別於恣意的個人喜好或一時興致。

儘管這個概念在現代愈來愈多地被稱為「立憲主義」（Constitutionalism）並獲得了全球的廣泛認可，但實際上，它擁有深受敬重的古老歷史。它最初源自更高或自然的法律或模式的概念，所有行為和事件都在某種意義上受制於它。

在希臘的古典思想中，上述看法可在理法（Logos）的概念中找到。在這種情況及其他情況中，思想家們提出：當行為 —— 包括政府行為 —— 同事物的適當的或自然的方式相違背時，或有悖倫理，或易於導致不和與厄運，或兼而有之。

理法的概念經由斯多葛派的思想進入羅馬哲學和法律，並最終與相似的希伯來上帝律法傳統一起，出現在歐洲的自然法傳統之中。在中國，與之大體對應的是被稱為「道」的概念。「道」傳達了「禮」的思想，即社會公德。同「理法」的概念一樣，「禮」以社會為導向。「道」的概念通過「禮」的思想進入了東亞法律思想。「禮」突出地體現了在亞洲社會極具影響力的儒家傳統。具有可比性的印度「達摩」概念則直接在印度思想中發展起來，由宇宙秩序的觀念發展到社會秩

序的觀念。（法輪長久以來是印度圖像中達摩的象徵，直至今日還出現在印度的旗幟上。）在以上所有情況中，關鍵的概念是：即便是統治者和他們的法令，在某種意義上也受到法律的約束。

現代法治概念的與眾不同之處與其說是政治統治超越權威本身，不如說是對法律救濟形式的保證，非政府的個人可以反對違犯法律的官員。在這個意義上，立憲主義的理想和法治最終不僅與自然法的哲學概念而且與權力分立和司法審查制度上的概念聯繫起來。

當然，俗世的非統治者（在此例中為教士）而非上帝獨自以更高級法律的名義把持統治權的這種想法，是有先例的。例如，聖經記載了先知撒母耳（Samuel）給掃羅王（King Saul）抹油淨身的儀式；中世紀歐洲主教具有給歐洲元首加冕和開除其教籍的權力；中國儒家將不公正的統治者視為錯誤的人選並由聖人廢君的「正名」思想。但是，在大憲章中，我們似乎才第一次發現非教會的名流要人掌控負責政治，組織法律的君主的例子 —— 在此例中，是貴族們對英王約翰。

摩西 (Moses)

摩西無疑是西方傳統中最著名的古代立法者。白鬚長髮，將刻有十誡的石板高舉過頭頂的預言者形象，是道德和法律肖像的主題。

根據聖經中出埃及記的記載，摩西是暗蘭（Amram）及其妻約基別（Jochebed）的兒子。暗蘭為雅各（Jacob）的後裔，以色列利未族人。摩西出生於埃及，因為根據創世紀記載，暗蘭的父親歌轄（Kohath）偕同 70 個雅各家庭遷到埃及。

- 公元前 14 世紀早期出生於古埃及，公元前 13 世紀卒於古巴勒斯坦。

- 帶領以色列人出埃及；宣佈了十誡。

早在摩西出生之前，埃及法老（可能是拉美西斯二世）就已下令要溺死所有希伯來男嬰。根據《出埃及記》記載，為了拯救年幼的摩西，約基別先是將他藏了起來，然後將他放在一個用蘆葦製成的小舟中沿尼羅河漂流而下。法老的女兒碧蒂亞（Bithiah）當時正與她的侍女們在尼羅河中沐浴，據說她發現了小舟並最終收養了這個孩子。他的親生母親約基別後來成了摩西的奶媽，當然碧蒂亞並不知道她的真實身份。

據聖經記載，摩西作為年輕的埃及皇室成員，目睹一位埃及奴隸主毆打希伯來奴隸時極為憤怒，於是殺死了奴隸主。而後他穿過西奈半島逃離，在米甸成了一個牧羊人，並娶了米甸人西坡拉（Zipporah）為妻。

根據《出埃及記》記載，有一天，摩西正在照看他的羊，

左圖：摩西從西奈山上帶回的十誡是猶太教、基督教和伊斯蘭教律法的核心。它們也創建了普通法和法治的原則。

發現荊棘在燃燒，卻奇跡般地沒有燒燬。摩西仔細研究了這一奇妙景象後，受到神諭，返回埃及帶領他那些正在受奴役的同胞們去爭取自由。然後便有了眾所周知的歷史：上帝在埃及降下一系列瘟疫，摩西和他的兄弟雅連（Aaron）在埃及為以色列人打開了一條生路。其後，摩西率眾在荒野中遊蕩了 40 年，直至上帝指引摩西帶着追隨者去往迦南。

在流浪的歲月中，摩西作為立法者的重要性得以彰顯。根據聖經記載，摩西登上西奈山領受聖意，上帝將律法傳給摩西，即後來為人所知的十誡，摩西將刻在兩塊石板上的十誡帶給以色列人。十誡成了猶太教、基督教以及伊斯蘭教律法的核心。

十誡中包含的很多訓諭在世界範圍內都是道德法規的核心。然而，從法律角度來看，十誡最重要的意義尤其在於兩點。第一，它包含了這樣一個觀念：法律是自上而下傳遞的，立法者 —— 在此為摩西 —— 只是充當中間媒介的角色。第二，法律應當公開地被記錄和適用。第一個觀點直接與自然法相關聯，而自然法對法律思想的重大影響已被證實。第二點恰好與法治吻合，法治則為現代大多數法律系統的核心。

西方民主之父

梭倫 (Solon)

梭倫是典型的古希臘人物 —— 集詩人、哲學家和政治家於一身。他是雅典的創立者,正如更早時期的萊克格斯 (Lycurgus) 創建了斯巴達一樣。由於雅典和斯巴達是世代法律思想和政治思想的典範,梭倫和萊克格斯因此成為西方法律和政治思想的早期創建者。

- 公元前 638 年出生於雅典,公元前 558 年卒於塞浦路斯。

- 傳說中古代《雅典憲法》的創建者。

梭倫的出身廣受爭議,但人們廣泛認同的是:在梭倫成年時期,雅典充滿了黨派和經濟階層這兩條主線的內部衝突。在幾十年的戰爭和社會失調之後,一些高度認可梭倫智慧的長者找到他,請求他協調對立紛爭的派系,在雅典城制定一套新的法律。

梭倫的改革被記錄在大塊的木板上,矗立在公眾可見的位置。其中尤其值得一提的條款是,他規定所有階層的公民都要在雅典的立法大會 (ekklesia) —— 公民大會 —— 上出席,以及成立一個稱為陪審法庭 (beliaia) 的機構。在這個法庭上,所有公民都可以起訴任何侵犯他人權利的人。人們普遍認為,這些制度形成了雅典乃至整個西方民主的基石。

人們還認為梭倫實行了法律改革,旨在取締與經濟貧困相關的常規做法,例如,禁止對破產者行使契約役權或其他形式的奴役。其他法律改革則針對利用其物質資產在支配手段上佔據優勢的富有公民。

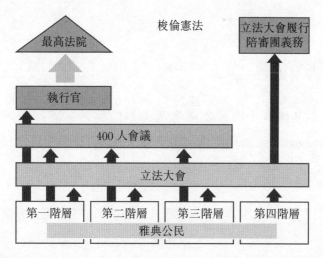

梭倫憲法

上圖：梭倫的組織為現代民主鋪平了道路。它賦予所有公民政治代表權和法庭准入權，賦予公民選舉代表的權利，並使公民有權監督代表們履行職責。

同期另一個很有影響力的希臘城邦 —— 斯巴達有自己的立法者萊克格斯。萊克格斯究竟是歷史人物還是神話人物，至今尚無定論，他的出生年月更是無從知曉。據傳奇記載，他是一位頑強幹練的戰爭老手，最初擔任年輕的斯巴達國王沙利亞勒斯（Charialus）的家庭教師，後來他依靠自身的能力成為領袖，隨之他實行了很多法律改革，即為人們所知的大瑞特拉（Great Rhetra）。

萊克格斯的斯巴達與雅典一同發展起來，成為希臘最具影響力的兩大城邦之一。這似乎也成了後來很多政治人物和烏托邦哲學家陶醉的對象，其中包括柏拉圖，他的共和政體構想在一定程度上對此做了效仿。羅馬思想家和後來的軍事政權領袖們也同樣是後代效仿的對象。儘管這些影響可能很微小，但經證實，有關的政治主權分離、社會平等和財富大致的再分配更加持久長效。

摩奴 (Manu)

在印度傳説中，摩奴被奉為人類的祖先。婆羅門祭司（Brahmanas）被印度法律指定為致力於研究神聖法律和神諭的人。

據説摩奴是一位睿智的君王，致力於追求真理和美德。根據傳説，當他在河中洗手時，印度教的守護之神毗瑟努（Vishnu）化身為一條魚，來警告他一場大洪水將吞沒世界。於是摩奴造了一艘船，並將其家人以及很多種子和動物儲藏在船上，待洪水退去後重新在地球上繁衍後代。它與聖經中諾亞方舟的故事以及其他古代大洪水的故事——特別是美索不達米亞的傳説——極為相似。

據偉大的印度史詩《摩訶婆羅多》記載，摩奴育有 10 個孩子，由他們繁衍出了大洪水之後的所有人類。至於法理方面的遺產，據説摩奴傳下來一些重要的法律，其中有《摩奴靈魂淨化法》、《摩奴祭壇建築規範》以及《摩奴法論》。摩奴的法律合在一起被稱為《摩奴法典》。法典中的《摩奴法論》至今仍被傳統印度人當做宗教生活和儀式的法規使用。

歷史學家認為，有關摩奴的記載可以追溯到公元前 200 年至公元 200 年之間的某個時期。記載中的很多事實在不同時期都曾引起過爭議。爭議原因有很多：其中有些顯然認可

- 出生於公元前 200 年至公元 200 年之間，卒於公元前 200 年至公元 200 年之間。

- 傳説中印度法律的制定者。

印度的種姓制度的劃分，其他似乎是認可對女性的奴役。

213. 世間女人引誘男人是其天性使然，因此智者從來不會對女性（的陪伴）毫無防備。

214. 因為女人能將世上那些愚人，甚至有學問的人引入歧途，繼而使他淪為受慾望和憤怒支配的奴隸。

215. 人不可和自己的母親、姊妹或女兒同坐在偏僻之處，因為感官很強大，甚至可以征服有學問的人。

（摘自《摩奴法典》第二章）

然而，對於《摩奴法典》的其他條款，學者們認為它們對印度種姓制度和奴役做了價值基準相反的規定。此外，摩奴的著作作為一個整體，因其對生命的肯定而受到精神主義者、活力論者及浪漫主義哲學家的欽佩。從法律的角度來說，摩奴的重要性堪比漢謨拉比、摩西、梭倫以及穆罕默德（Muhammad）：他成為一種偉大文明的象徵，象徵着具有超越世俗起源的世俗法律。

> 如果我們違背正義，正義就毀滅我們；如果我們維護正義，正義也維護我們。因此，正義不可違背，否則，我們會被正義毀滅。
>
> ——摘自《摩奴法典》第八章

民法的奠基人

查士丁尼一世 (Justinian I)

查士丁尼一世可能是民法歷史上唯一的重要人物。他的《民法大全》（*Corpus Iuris*）成為大多數源自羅馬傳統的法律系統的核心，且其教旨對其他法律系統（包括普通法）都有着決定性影響。

- 公元 482 年出生於東羅馬帝國的陶勒西恩，565 年卒於東羅馬帝國的君士坦丁堡。

- 他將羅馬法律分散的元素編撰成法典，成為後來所有民法體系和法典的基礎。

查士丁尼原名為伯多祿·塞巴提烏斯（Pertrus Sabbatius），原為達爾蒂納省的農民，該省位於今天的塞爾維亞的中部。後來，他用了母親維吉蘭夏（Vigilantia）的哥哥——即舅父賈斯丁（Justin）的名字。當時，其舅賈斯丁是帝國衛隊的成員，收養了年輕的查士丁尼，並將他帶到羅馬帝國的東都君士坦丁堡，讓他接受教育。相傳他曾學習法律、神學和羅馬歷史。

公元 518 年，當時的皇帝阿納斯塔修斯（Anastasius）離世，賈斯丁便被擁立為皇帝，這顯然要部分歸功於查士丁尼的謀略。賈斯丁在短短九年的執政期內，大部分時間都體弱多病，查士丁尼應該是實質上的統治者。公元 527 年，賈斯丁任命查士丁尼為副國君，同年賈斯丁離世，查士丁尼就任皇帝。

兩年後，查士丁尼迎娶狄奧多拉（Theodora）。在他們統治期間，有很多重大活動、改革，還有向東羅馬帝國的疆域擴張。查士丁尼由於精力非凡，成了眾所周知的「不眠不休的皇帝」。

非典法化的法律條款　　　　民法大全

上圖：《民法大全》集眾多零散法規為一體，由四部分組成。法典部分由公元2世紀之後的一些法規構成；學說彙纂包括一些古老的法律文件；新律包括查士丁尼統治時期制定的新法規；法學總論則總結了以上三部文件的原則。

對於律師們來說，查士丁尼最著名之處在於他所做的開拓性的努力：將當時龐雜的羅馬法律條款編成法典。之前這些條款只出現在法庭裁決中，以零散的憲法、通告和規定等形式存在。直到查士丁尼的時代，沿襲額爾比安（Ulpian）傳統的組織者們仍然無奈地被迫遵守這些條款。

查士丁尼指派大法官特利波尼安（Quaestor Tribonian）監管整編工作，自己也積極參與其中。由此產生的《民法大全》（Corpus Iuris Civilis）是一項偉大的成就，它構成了直至今日所有民法系統的基礎。它在對原有的零散法律進行整合、排序及做出原則性的說明中所做的創新性努力，為後來的法典編纂運動樹立了典範。從此，我們在很多方面就生活在法典時代（era of codes）。

查士丁尼對歐洲大陸法的影響尤其深遠。羅馬法的教義及方法構成了自中世紀早期以來大多數大陸法典和法律系統的基礎，那些教義和方法主要源於中世紀及其後的法律思想家們闡釋《民法大全》的著作。在相當重要的意義上說，查士丁尼的帝國從未逝去，它以歐洲仍在執行的羅馬法的形式延續着。

普通法與民法，
慣例與法典

普通法（Common Law）與民法（Civil Law）的分歧由來已
久，有其歷史背景，它們的區別是源自英國模型和羅馬模
型法律體系的區別。

　　重要的普通法系除了英國法系之外，還有美國、澳大利
亞、加拿大、印度、以色列、尼日利亞、巴基斯坦和南非法
律體系。英聯邦的法系和根源於英國普通法的法系存在着很
強的相似之處，這點並不讓人感到意外。普通法的影響也體
現在那些歷史上與英國其他夥伴有聯繫的法系中，比如美國
法系。

　　大多數實行普通法系的國家在歷史上曾與英國產生過緊
密的政治聯繫（並非總是出於自願或是直接聯繫），而多數實
行民法的國家則在歷史上曾與羅馬帝國產生過直接或非直接
的緊密政治聯繫（同樣也並非總是自願的）。因此，民法體系
常見於多數歐洲大陸的大部分及其他地區的國家，比如非洲
的一部分地區，以及亞洲、東歐和南美的大部分地區。

　　在這二者之間，最初的英國普通法和最初的羅馬民法構
成了多數現代法律系統的基礎。此外，很多其他的法律體
系，或通過慎重的合併，或經由共同的歷史淵源，包含了普
通法和羅馬民法之一或兩者兼有的重要元素。比如，斯堪的
納維亞系統以及德國北部法律傳統的某些元素顯示出其作為

普通法系，與北歐的英國普通法有所聯繫。

也許比普通法與民法間的歷史差異更為有趣的是功能上或風格上的區別，不過在今天誇大這種差異有些危險。這種不同之處大致在於，在民法中，司法機構試圖預見並提前合法地預防公民之間的利益衝突；而在普通法中，當新問題出現時，為了給出回應，法官們被賦予了靈活制定法律原則的決定權。從這個意義上來說，普通法與民法的區別在於：前者是提前（ex ante）編寫的法律，而後者是事後（ex post）像慣例（Custom）一樣通過補充闡釋而擴展的法律。

在理論上，一部法典（Code）越是詳盡，在依照開放性原則處理案件時，給予法官的自行裁決權越少。在民法體系中，法官是提前制定好的條款的被動實行者。與此相反，普通法則避免了提前向每種可能出現的法律爭論提供條款的理念，法官在依據粗略陳述的法律原則審慎明辨地進行公平審判時，擁有更大的權限。

> **法典編纂（Codification）：**收集並重新敘述特定地區司法權的過程，通常按主題編纂，最終形成法典。

需要強調的是，無論怎樣，普通法與民法的區別在當下只是一個理想。時至今日，沒有一個體系可以清晰地被劃歸到任何一個陣營當中。普通法系，如英國和美國體系，當下充斥着具體的立法法規；民法體系，如法國和德國體系，則要求法官為了能正確應用複雜條款，起碼要像英美同行們一般深思熟慮。

穆罕默德 (Muhammad)

由於伊斯蘭教對宗教生活、政治生活和法律生活不作區分，因此穆罕默德作為宗教傳統的始建者的同時，也是法律和政治傳統的創立者。

穆罕默德出生於麥加的名門望族，很小他便成了孤兒，被叔父撫養成人。他年輕時成為商人並於 26 歲結婚。他很快不再滿足於在麥加的生活，並在山洞中開始默唸和祈禱。根據傳說，在他大約 40 歲的時候，報喜天使加百列 (Gabriel) 光臨了他的山洞，向他揭示真主的真理。

- 公元 570 年出生於阿拉伯麥加，公元 632 年卒於阿拉伯麥地那。

- 伊斯蘭教的先知和創建者。

加百列第一次拜訪的幾年之後，穆罕默德開始公開傳佈他所收到的真主啟示。他聲稱，真主是唯一的神，對真主百分之百的服從（也是「伊斯蘭」一詞的含義）是人之本分，而他，穆罕默德，一如亞當 (Adam)、諾亞 (Noah)、亞伯拉罕 (Abraham)、摩西、大衛 (David) 和耶穌 (Jesus)，是真主的信使。

在這一階段的早期，很少有人認同穆罕默德的神旨，穆罕默德和極少的追隨者在當時備受迫害。因此，他們於 622 年遷至麥地那，這一年正是伊斯蘭日曆開始之時。當時，定居在麥地那周圍的各個族群都被捲入長達多年的激烈鬥爭之中，根據傳說所言，他們請穆罕默德出面進行調解。穆罕默德得以聯合各個族群，將其置於一個政權下，該政權遵照的

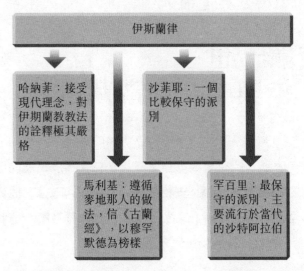

伊斯蘭律

哈納菲：接受現代理念，對伊期蘭教教法的詮釋極其嚴格

沙菲耶：一個比較保守的派別

馬利基：遵循麥地那人的做法，信《古蘭經》，以穆罕默德為榜樣

罕百里：最保守的派別，主要流行於當代的沙特阿拉伯

上圖： 伊斯蘭律分為四個派別：哈納菲（Hanifi）、馬利基（Maliki）、沙菲耶（Shafii）和罕百里（Hanbali）。每個派別都有自己獨特的教法和信仰。

法令即來源於他受到的啟示。

　　穆罕默德在麥地那附近獲得的成功引起了曾在麥加迫害過他的人們及其追隨者的懷疑。很快，麥加人和位於麥地那的穆罕默德追隨者之間爆發了衝突。一系列的小規模戰爭相繼爆發，至約 632 年戰爭結束之際，阿拉伯半島的大部分地區已被穆罕默德的追隨者們征服，皈依了伊斯蘭教。事實上，這是第一個伊斯蘭教國家。

　　在這一階段的末期，穆罕默德前往麥加朝聖，進行了日後廣為人知的告別演說。他給追隨者們留下了一些最後的訓諭，之後便離去了。數月之後，他飽受頭痛的折磨，身體很快衰弱，於幾日後去世。現在他的墓穴安置於麥地那的清真寺中。今天伊斯蘭國家的伊斯蘭律便是由穆罕默德神示的文字記錄得來，亦即古蘭經。

威廉一世（King William I）
與《末日審判書》

「征服者」威廉一世於 1066 年成功入侵英國，並想知道自己有何收穫。他有着典型諾曼第人的效率，於是展開了一次官方的調查。根據《安格魯—撒克遜編年史》，他派專員到全國各地去暸解「每位土地所有者都有甚麼土地和牲口，有多少，值多少」。

- 1027 年出生於法國法萊塞，1087 年卒於法國魯昂。

- 第一部公共地產登記冊的監管人。

威廉很重要的一部分動機當然是要暸解他能向誰徵稅、徵多少，但是這個項目產生的附帶意義卻很重大。首先，它執行了統計調查的職能。其次，它發揮了財產登記名冊的作用，對於誰在哪裏擁有土地有了相對比較公開的記錄。事實證明，在現代國家中，這種記錄對維持穩定的財產制度很有必要，土地所有者能夠掌握可靠的所有權，也可以將土地出售或遺贈。

一些學者堅持認為，英國引領了記錄良好、可以實施的財產制度。在接下來的時代中，這種制度在基於自由企業的現代經濟發展中引領歐洲。這看起來有點歪曲歷史，畢竟工業革命直到七個世紀後才發生，但這種觀點並非毫無基礎：20 世紀 90 年代東歐蘇聯式政府一倒台，律師們開始着手的第一個任務就是建立綜合的財產登記名冊 —— 也就是 20 世紀晚期的土地志。

上圖：《末日審判書》也叫《英國土地志》，是一本綜合記錄，記錄了中世紀被威廉一世征服後的諾曼第英格蘭整片地區的財產。它經常在法律糾紛取證中作為參考，直至今日，在一些案例中仍保持着這個做法。

《末日審判書》（*The Domesday Book*）現在仍陳列在西南倫敦基尤的國家檔案館的博物館中。「末日審判」這個名字來源於古英語，指的是結算（accounting）或評估（reckoning）之意。聖經中最後的審判（Last Judgment）意味着世界末日，而威廉一世的《末日審判書》則是一個開始 —— 如今，其成果幾乎在每個國家都可以看到：人們的財產權被公開登記造冊，並受到保護。

約翰王 (King John)
和英國大憲章

《英國大憲章》(*The Magna Carta*) 是英國憲法、美國憲法及世界範圍內經由它們發展而來的很多其他憲法的來源，它的部分憲章仍被保留下來，成為今日英國及愛爾蘭法律的一部分。它建立了法治和分權統治的雛形，因而具有現代政府的特徵。

- 公元 1167 年出生於英國牛津，公元 1216 年卒於英國林肯郡。

- 英國憲法及其派生法系的創建者。

今天，人們可能會說《大憲章》是英國國王約翰和他的貴族之間「權力紛爭」的結果。然而，史上的先例是公元 1100 年國王亨利一世 (King Henry I) 自願頒布的自由憲章。亨利正式宣佈他的權力受法律限制，這是法治理念在英國出現的較早陳述。雖然約翰發覺情況更加讓人猶豫不決。

作為 1202 年法國政治陰謀的結果，法國國王菲利浦·奧古斯都 (Philip Augustus) 宣佈約翰在法國的土地被沒收。隨之而來的是歐洲大陸上一系列戰爭，給約翰造成了重大的軍事損耗。他不僅喪失了很多土地，還喪失了富饒的法國領土諾曼第，也隨之失去了財政收入的一項主要來源。更糟糕的是，他被捲入政治上的對峙——以及隨之而來的軍事衝突——教皇英諾森三世 (Pope Innocent III) 和菲利浦國王於 1208 年至 1212 年間再次針鋒相對。約翰最終被迫放棄英格蘭和愛爾蘭，將其拱手讓給羅馬教宗，並從英諾森

處租借這兩塊土地。

　　約翰急需資金，而他失去了最豐裕的收入來源。同很多政府一樣，他開始增加賦稅。徵稅加之他在歐洲大陸上失利造成的恥辱，導致多數英國強勢貴族的反抗。1215年，他們在市民的支持下，大批進入倫敦。在蘭尼米德的草地上，約翰被迫同意《男爵法案》(Articles of the Barons)，正式限制了他的權力。大法官法庭用一份正式的文件記錄這份合同，這便是後來為人們所知的大憲章。在後來的幾個世紀裏，文件做過多次修改，但一些較為顯著的條款至今仍保持着效力。

　　《大憲章》中最著名的條款可能要屬第29條了，它是當今大多數成文憲法中正當法律程序(due process)條款的基礎。第29條條款中，由與一個人的地位同等的人組成的陪審團在審判時發現當事人有罪時，統治者不能因此剝奪該人的生命、自由或財產。其他條款為人身保護權提供了法律依據，即被政府拘留者在法庭上質問拘留的權利。被拘留者可以持有自己的觀點，還為維護這些權利的法庭辯白提供了法律依據。後來，柯克勳爵(Lord Coke)將大憲章視為英國民主自由的來源——全世界的人們為這樣的民主自由而鬥爭並倍加珍惜。

> 我們不會向任何人出賣權利和公正，也不會拒絕或剝奪任何人的權利和公正。
>
> ——《大憲章》

陪審團裁決
和正當法律程序

伴隨着法治和司法審查，陪審團裁決制度和正當法律程序的創立被廣泛視作政治自由的根本保障，至少在親英世界中如此。事實上，人們對其非常看重，因此它們在大多數現代親英權利法案所羅列的自然權利中經常出現。

在陪審團裁決的法律程序中，傳統上是由 12 個非法律業內人士，將法官陳述的法律運用到從法庭審訊和辯論得到的事實上去。陪審員或支持起訴方（原告），或支持辯護方（被告）。

在犯罪訴訟程序中，由存有疑問的原告做出陳述。出於這個原因，犯罪訴訟程序中的陪審團裁決備受珍視，人們將其作為限制政府剝奪公民自由權或財產權的手段。其指導理念是：與被告同等之人作為最終裁決者，判定被告是否應被認定為犯罪，接受處罰。

當然，在民事訴訟程序中，後一種職能並不包含在內。因此在民事案件中，更傾向於法官或者權威人士決定，背離陪審團審判的餘地就更大。然而，即便在民事案件中，審判團裁決也經常受到讚譽，因為它被視作是讓新視角和民眾正義感得以進入法庭處置的一種手段。

陪審團裁決的根源較為模糊，人們對此爭論不休。因

為陪審團裁決是典型的由英國普通法沿襲而來，在民法和其他體系中則很少見，因此很多人認為它是從德國北部和西部的慣例發展而來的。然而，人們也知道歐洲大陸中部的法蘭克人也保持着類似這樣的風俗，而後發展成現代審判系統。11 世紀進入英國的諾曼第人也熟知類似做法。然而，不論陪審團的來源何在，他們是很早以來英國訴訟所具有的典型特徵。到了 13 世紀，它們被看做是「英國人權」的關鍵所在，《大憲章》也神聖地記載着這些權利。

最初，陪審團不僅是決策的主體，同時還是活躍的調查主體。時至今日，陪審團將自身的職能主要限制在審議其他人提供的證據是否具有説服力上。還限制在他們考慮到法官在法律上的指導後，判定陪審團自行找到的事實所具有的法律意義上。然而，在有些案件中，有時為了那些被認定為遭到不公平起訴的被告，陪審團會忽視法律本身的裁量來執行判定。

所謂的正當法律程序也許最好看成是對陪審團珍視的審判權的概括。陪審團被視作是反對國家專制和保障被告權利的，判決手段也同樣有這個優點。在這個範圍上説陪審團被視為這個判決方法的核心特徵。但是尚存疑慮的方法也具備了其他基本特徵，包括將雙方的證據呈交法庭、質疑對方提出的證據、辯論證據的法律含義甚至辯論法律本身的實際內涵等權利。所有這些權利共同構成了健全的程序上的公正，人們認為行使這樣的法律「程序」，在法治的政治制度下「應當」可以讓公民獲得自由和平等。

孔子與清代法規

清代法規亦稱作《大清律例》，是封建中國幾個世紀以來法律法典編纂的頂點 —— 中國法律編纂始於 7 世紀早期唐代的法規。清代法規包含了近 2000 項條款，施行了近 300 年，1912 年被國民黨政府廢止。

- 公元前 551 年出生於魯國，公元前 479 年卒於魯國。

- 影響了中國第一部現代法規。

孔子的思想對中國法規法典內容具有決定性影響，在西方也廣為人知。孔子的思想一直以來對東亞文化產生了持續幾個世紀的影響。大約於公元前 551 年，孔子出生於魯國曲阜市附近，一生大部分時間在魯國度過，於公元前 479 年卒於曲阜。

儘管孔子出身卑微，但他完全自學成才，早年就因博學而揚名魯國。眾多政治大員前來尋求建議。孔子年屆 53 歲之時，已經成為魯國大司寇（司法大臣）。任職期間，他將一生所得的孝道和社會倫理禮法付諸實踐，並最終彙編成馳名中外的《論語》而流傳於世。

傳統中國法規最根本的性質是引導的，這要歸功於儒家的要旨。引導體現了通過中央集權施政來實現社會治理的儒家理想。因此該法規認同後果犯罪，描繪了被認定為過錯的行為方式，並規定了定罪後要實施的懲罰。與儒家主張一致的是，這些法規不僅被視為社會治理的手段，亦為以道德感化違法者的手段。

《大清律例》保持了中國法律編纂的傳統，但比之前的法律在內容上更為廣泛具體。它表述精確，結構典雅，廣受讚譽，也是第一部被譯成西方語言的中國法律文獻：1810 年被譯成英語，1812 年被譯成法語。

《大清律例》作為一部正式的刑法，同時也具有部分民法的功能。原告可以根據律例的條款對被告提出控訴。這項可訴訟的規定與地方法官的自由裁量權及地方風俗結合，靈活應用法規條款，在刑法名義的保護下促進了民事侵權法的發展。

1912 年，國民黨開始執掌政權，嚴格來說，封建法律的時代已經結束了。新的共和政府積極向歐洲和日本法規靠攏，以期實現中國現代化。然而有意思的是，很多《大清律例》的條款仍在香港實行（至少針對華人實行）。直至 1971 年婚姻保護法通過前夕，香港華人仍可在《大清律例》的准許下，合法實行一夫多妻制。

當然，當朝代更迭、法制改革時，《大清律例》中其他眾多規範也正在進行各種恢復，因為中華人民共和國政府力圖在工業化的中國恢復儒家的傳統元素。

> **民事侵權法（Law of tort）：**
> 民事侵權法規定何為構成法律傷害的要素，並確定何種情況下一方對另一方的傷害負有責任。它不包括違背信託或合約。

第一位法學著述家

額爾比安 (Domitius Ulpian)

除了據説出生於提爾，以及他而今流傳於世的大部分著作成於公元 211 年至 212 年間之外，我們對額爾比安所知甚少。在眾多法律作家中，他第一個將雜亂的羅馬法條款詮釋出來，並組織成連貫、智能的法律體系，因而樹立了先例。羅馬法，或曰「民法」，從此便因其所具有的一致性、系統性等特點而廣受讚譽。

● 出生於黎巴嫩提爾，年份不詳，公元 228 年卒於羅馬。

● 長久以來對羅馬法的傳統進行綜合闡釋，並將原本分散的法律條款編成連續系統的早期範例。

關於額爾比安首次公眾生活的記載是他作為塞普提姆・塞弗茹斯（Septimius Severus）理事會成員。後來他成了卡拉卡拉（Caracalla）下屬的國王助理，而後成為亞歷山大皇帝（Alexander）的首席顧問和軍政長官。可歎的是，他在宮廷任職時，在一場由士兵和暴徒引起的暴亂中不幸遇害。

在法律學者看來，額爾比安最著名之處在於他所寫的許多受到高度讚揚的著述。這些著述有些是對羅馬民法的評注，有些是對君主們佈告的評注，還有些是對羅馬刑法的説明。這些作品因其清晰的表達、邏輯的組織和典雅的風格而受到嘉譽。

自額爾比安起，羅馬法開始為法學家評注者所知悉，所有人都按照額爾比安的模式瞭解羅馬法。在額爾比安的評注機制之前，「法律」幾乎是分散的活動，裁定個別案例的法官和各位君主用專門的佈告將其表達出來。額爾比安是第一批

從個別裁定和佈告中提取基本原則、做出認真嘗試的人之一。這種做法不僅促進了當時業已形成的法律的廣泛理解和傳播，還有助於通過闡明之前潛在的原則，使法律進一步有序發展，以便指導今後的法庭裁決和法律執行。從此，羅馬法被歐洲大陸及其他地區的律師和法律學者譽為「書面的理性」。

事實上，將額爾比安及其後繼者為羅馬法所做的貢獻，理解成英國普通法在近代的發展及衍生最為妥當。很多人考慮到羅馬法的例子，批評普通法毫無章法，因而需要編纂法典。針對這一背景，柯克爵士（Sir Edward Coke）、布萊克斯通（Blackstone）和曼斯菲爾德（Mansfield）以新的見解登上舞台：他們可被視為普通法領域的額爾比安。

> 公正是一種持久永恆的意志，要將每個人的應得權益分配到位。
>
> ——額爾比安

愛德華‧柯克爵士

(Sir Edward Coke)

很多瞭解法律歷史知識的人都知曉威廉‧布萊克斯通爵士（Sir William Blackstone）在早期美國法律發展中的重要地位。遺憾的是，似乎很少有人瞭解在現代英國和經由其發展而來的美國及其後代憲法的發展中扮演了同樣重要角色的——愛德華‧柯克爵士。

- 公元 1552 年出生於英國諾福克，公元 1634 年卒於英國倫敦。

- 具有影響力的英國憲法撰稿人和理論家。

柯克最初在諾里奇學校接受教育，而後進入劍橋大學三一學院。他之後的晉升十分迅速：1589 年成為議會成員，1592 年成為眾議院議長。一年之後，他被任命為英國首席檢察官，取代弗蘭西斯‧培根（Francis Bacon）入主該職。他因熱心追訴沃爾特‧雷利爵士（Sir Walter Raleigh）和黑火藥陰謀同謀者而獲惡名。1606 年，他晉升為普通訴訟法院首席法官，1613 年成為英國高等法院的首席法官。

柯克創立了劃時代的法律先例，保護英國體制不受議會君主制的侵害。1610 年的博納姆醫生案也許最為有名，在此案中，柯克發現皇家物理學院越權拘禁了被指控無照行醫的托馬斯‧博納姆（Thomas Bonham）。很多學者將這一決定視為「司法審查」原則的早期表達：在司法審查中保留司法權，以查明憲法可能對行政部門甚至司法部門的限制。

當然，那些與英國決裂並建立美利堅合眾國的律師政治家們認為，正是柯克對制度的闡釋，才使 18 世紀殖民者得以控訴君主和議會的越權。此外，隨後的《美國憲法》籌劃者及首屆最高法院的闡釋者在起草和隨後闡釋憲法時，視自己為柯克的追隨者，其中的著名人物有約翰・米歇爾（John Marshall）。

然而，柯克對普通法的影響不僅僅來源於他的司法裁決。他著有《報告》（The Reports）和《英格蘭法總論》（The Institutes），這兩本富有權威的論述是幾個世紀中美國殖民地和早期共和黨律師學習普通法要點的主要資料。柯克起草的《弗吉尼亞公司特許狀》為美國殖民地的書面立憲主義開創了先例。最後，柯克的《權利請願書》（Petition of Right）為 1689 年《英國權利法案》、在該法案基礎上編纂的《權利法案》、聯合國的《世界人權宣言》（Universal Declaration of Human Rights）以及世界範圍內數不清的其他基本人權法案打下了基礎。

> 大憲章並不擁有至高無上的權力。
> ——愛德華・柯克爵士

鑒於柯克作為憲法捍衛者的角色，甚至會與執政者對立，他有時陷於困境之中也就不足為奇了。1616 年，他從大法官的職位上退下來，1620 年又馬上重新加入議會，擔任議員。他在議會嚴重冒犯了統治者，以至於連同其他議員一起鋃鐺入獄達半年之久。1628 年，他給對手以反擊，帶領議會迫使查理一世同意他曾起草的《權利請願書》——它在限制行政權力方面是與大憲章同等重要的一項發展。

權力分立和司法審查

歷史上，受司法審查監督的權力組織分離概念經常和英美早期憲法的施行聯繫在一起。但這個概念比英美的憲法都要久遠，迄今為止其分佈範圍也比親英世界的憲法更為廣泛。此外，儘管這些權力分立和司法審查理念的核心與植根於法治目標的相關做法有關，但其實可以追溯到很久以前，在世界很多文明中都能看到。

司法審查的核心是法治的概念，根據這一概念，甚至統治者本身也要服從法律原則，他們應該和普通人一樣對自己的行為負責。這個理想引發的現實問題是，需要的話，違法者如何進行辯護：只需要向上天負責，還是地球上應該有辯護的方法？

在古代社會中，實際上很多受尊敬的教士對這個問題進行了回答。統治者經常向教會或其他被認作與聖神對話的重要人士諮詢，打算按照神聖法令的預期來行動。他們同樣委託這些重要人士做抹油淨身的宗教儀式，在某些情況下甚至讓他們核准或處罰政治當局。舉三個著名的例子：古希臘、中世紀歐洲和伊斯蘭世界的很多激烈的政治爭論，其實是教會和非宗教世俗政治力量之間權限的爭端。當然，這樣的爭論仍在延續，如今在全世界都存在着。

但是，政治權力分立的想法以及邊界線的可操作性最終成為現世統治的中心。實際上，教會曾經獨自執行查核行政

（傳統上是君主）當局的權力，該權力正漸漸被解除。解除該權力的首先是立法機關——君主的顧問和人民的請願人轉變成的立法機關，然後是法官們，他們保留着穿長袍的做法，以此來提醒自己這是教士職位的遺留物。

今天，權力分立的做法和憲法的司法審查的做法似乎首先以現代形式在英國出現。現代司法審查的第一位偉大理論家或許就是柯克爵士，不過這點飽受爭議。

負責成立美利堅合眾國的一代傑出律師們同時受兩個方面的影響：柯克爵士的著作及孟德斯鳩（Montesquieu）對英國憲法的闡釋。美國的創建者們，如傑斐遜（Jefferson）、漢密爾頓（Hamilton）和麥迪遜（Madison）等著名人物，很大程度上借用孟德斯鳩對英國憲法的理想化闡釋和柯克爵士的著作，編寫了最終成型的憲法。

從英美的相關例子來看，將政府核心職能分立，並給所有人一個審判地，以便他們可以對互相設置的限制進行辯護，這種做法已經在全世界發展開來。實際上，現在大多數民族國家若未採取這種做法，形式上也遵從了這種模式。這在憲法上與他們對社會法治理想的認可是相互對應的。

威廉・布萊克斯通

(Sir William Blackstone)

構成英國普通法的諸多司法見解反映了多種多樣的司法規則和原理，威廉・布萊克斯通爵士將這些規則和原理整合成一本專著，給他那個時代的律師和公民們帶來了極大的貢獻。在英國、美國及世界上所有基於英國普通法的司法管轄區，之後的幾代律師和法官對法律的理解都深受布萊克斯通的影響。

- 公元 1723 年出生於英國倫敦，公元 1780 年卒於英國沃林福德。

- 對英國法律的評論影響了 18 世紀晚期及 19 世紀初期大多數律師對普通法的理解。

1723 年，布萊克斯通出生於倫敦一個商人家庭。他先在切特豪斯學校接受教育，後又去了牛津大學彭布羅克學院。在牛津，他是非常優秀的學生，並於 1743 年獲得了「全靈學院院士」的名譽稱號。3 年後，他在中殿學院取得律師資格。然而，布萊克斯通在法律的編輯和體系系統化方面似乎比作為從業者更為出色。1758 年，他回到牛津決定長期擔任預備律師會館（其後成為聖彼得學院）院長之職，並成為該大學的佛尼林派法律講席教授，他是為後世所知的第一位獲得該職位的人。但布萊克斯通並非只是名學者，1761 年他成了欣登的國會議員，有段時間還曾任王室法律顧問之職。

雖然布萊克斯通就《大憲章》和《英國森林憲章》寫了專著，但最讓他聲名卓著的還是《英國法釋義》（*Commentaries on the Laws of England*）。在布萊克斯通爵士之前，尤其是在柯克爵士之前，英國的普通法主要通過對大量案例法的掌握來習得，只在書面的審判意見中可見，很少有對審判意見和普通法的指導性的基礎原則和規則有系統性的說明，也很少有在法律各領域內收集概念的連續性嘗試，而布萊克斯通的《英國法釋義》改變了這一切。

在這種情況下，必須認識到這樣的綜合化和系統化不僅是「簡化」或「概括」，而且還是闡釋。在這個意義上，一個構思及表述良好的系統可以影響所有遵循該系統的法律和法學 —— 至少在後代律師的廣泛傳閱和推崇之下會有如此效應。

事實正是如此。在布萊克斯通發表《英國法釋義》後的一個世紀中，該釋義被英國的律師和法官們廣泛閱讀、推崇並遵循。在美國，《英國法釋義》甚至在更長時間內有着巨大影響。實際上，直到今天，美國的律師和法官們仍引用書中內容來界定美國建立之時普通法是如何被人們理解的。亞伯拉罕・林肯（Abraham Lincoln）及其他數不清的美國建國之初著名的律師政治家們，通過閱讀布萊克斯通獲得了對法律的最初認識，他的專著放在巡迴牧師的掛包中大小正合適。布雷克斯頓在美國文化中被尊為偶像，以至於實際上他的《英國法釋義》甚至在其他地方也有提及，如赫爾曼・梅爾維爾（Herman Melville）的《白鯨》以及哈帕・李（Harper lee）關於英勇的南方律師阿提克斯・芬奇（Atticus Finch）的著名小說《殺死一隻知更鳥》。

拿破崙‧波拿巴

(Napoléon Bonaparte)

自 19 世紀以來，關於拿破崙的書可能比關於其他任何人的書都要多。他對早期現代歐洲歷史及法律史極為深遠的影響，即便用盡溢美之詞也不過分。

- 公元 1769 年出生於科西嘉，公元 1821 年卒於聖赫勒拿島。

- 對 19 世紀歐洲歷史進程產生深遠影響。他的《民法典》成為很多民法法系的基礎，至今仍發揮着作用。

拿破崙 1769 年出生於地中海的科西嘉島，9 歲的拿破崙進入特洛伊附近的一所法國軍事院校學習。1784 年畢業後，他進入了巴黎的皇家軍事學院學習。1785 年，拿破崙在瓦朗斯和奧克桑的法國駐軍中升為陸軍少尉。

隨着 1789 年法國革命的爆發，拿破崙的事業開始飛黃騰達。在一系列軍事戰鬥中，他與雅各賓派站在同一陣營中，在對本國保皇派及當時英國、意大利及奧地利軍事力量的一系列戰鬥中取得勝利，事實證明他是一位天才的戰術家。到 18 世紀末，他已經為法國贏得了意大利半島、埃及和巴勒斯坦的大部分疆土，後兩處是從土耳其帝國奪取的。

1799 年末，拿破崙自埃及返回法國。統治法蘭西共和國的政府已經垮台，並落了個腐敗和無能的罵名。塔列朗（Talleyrand）等幾位主事者試圖扶持西耶斯（Sieyes）掌控政府。他們策劃了一次突襲陰謀，並向拿破崙尋求幫助。拿破崙答應施以援手，但成功施計讓自己坐上了寶座，並在他自行起草的新憲法中，給自己冠上了「第一執政」（First Consul）

之號。兩年後，拿破崙獲得了另一部憲法的認可，從此他成了終生第一執政。

在其後的幾年時間裏，拿破崙在法律史上刻下了他最持久的印記。他對法國的公共財政、公共交通、高等教育和銀行業進行改革，改革後的制度一直沿襲至今；他還發起並主持了一系列精心構思的法典的起草和公佈。最著名的拿破崙法典是《法國民法典》（*Code Civil*），由拿破崙最後一次當權下的專家委員會起草，拿破崙本人也在最終修訂中發揮了積極作用。《法國民法典》不僅結束了財產權的封建體制，而且將非貴族獲得和擁有土地的權力加以擴大。該法典在合理地總結和調整當時盛行的合同和侵權法的散落的規定方面，做了開創性的工作。法典還效仿當時在歐洲大陸和很多其他地方施行的常規法典的編纂方法，至今它仍在歐洲及其他地區，如路易斯安那州，作為很多民法的核心發揮作用。

拿破崙在法律上獲得了雙重成功。第一，在他所征服的歐洲大陸的很多司法管轄區，他的法典傳播開來，並在該法典的基礎上繼續形成很多現代法律的基礎。第二，他在原先分裂的公國中引進部分行政統一，致使它們從此成為德國和意大利。人們普遍認為，部分行政統一的決策與德國、意大利民族主義者對法國統治的反抗結合起來，促進了德國和意大利這兩個單一民族國家的最終成形。

拿破崙在軍事上的好運最終在 19 世紀第一個十年裏發生了逆轉。拿破崙最後的時光是在大西洋上偏遠的聖赫勒拿島上的流亡中度過的。他 51 歲離開了人世，留下的《法國民法典》是他的眾多功業中最偉大的一項。

對抗式訴訟模式 和審問式訴訟模式

司法行政的所謂的論辯體系和審判體系之間的區別，主要是在判決中它們在確保查明相關事實以及做到司法公正中所用的手段不同。

作為一個歷史事件，這種區別與普通法和民法體系也有關係，因為普通法體系與論辯的訴訟程序共同發展起來，而民法體系則與審判的訴訟體系共同發展起來（審判的訴訟體系實際上與民法一樣，都源於羅馬法系）。然而，在概念上，普通法系完全可以採用審訊審判，且這種方式的使用頻率越來越高；而民法則在一定程度上採用出庭辯護訴訟代理。

司法程序中的審判體系和論辯體系之間的主要差異在於：在審訊訴訟程序中，哪一方採取主動，哪一方就支付費用；而在論辯體系中，則由產生爭議的雙方 —— 原告及被告自行尋找證據，以支持其辯論，並要求判決者在他們中間做出裁決。與其相反的是，在審判體系中，調查引發訴訟爭端的詳情的主動權，以及關於法律如何對爭端做出解釋的決定權，在很大程度上都取決於法官。

審判體系的優勢是更加公正、客觀。若一方比另一方更富有或更聰明，在審判中也不會更佔優勢。對於論辯體系來說，其好處是節省公共財政的花銷，因為爭議雙方承擔了事

實取證和論辯的費用。此外，因為雙方都有個人利益，人們認為論辯體系有可能激起雙方展開最激烈、最積極的論辯。

如同普通法與民法法系的例子一樣，上述區別也不應被作為實際問題過度誇大。曾經，兩種體系迥然不同，時至今日，兩種模式都融合了對方的元素。例如，現代審判體系越來越多地請雙方向法庭出具證據及做出辯護。而在現代的論辯體系中，法官主持審判的角色日益從早先的消極仲裁者角色轉化為更加積極的管理者的角色上來。「仲裁者」法官現在經常與雙方會面，以便建立審判各階段緊湊的日程安排，監督現在有些過度的「展示」制度，原告和被告通過這個體制向對方發出自己搜集證據的通知。

法官們在論辯職權內也能夠通過對法庭指定的專家證人的保留，甚至自行進行現場調研，找出涉及審判的信息。因此，論辯與審判的區別愈加證明了歷史性和概念性的極端性，而非當今法律體系實際真正面對的嚴格區別。

孟德斯鳩
(CharlesLouis de Secondat, Baron de Montesquieu)

孟德斯鳩是啟蒙時期極具影響力的法國文化和政治思想家。儘管他以大量著作傳世，然而他最持久的影響在於其對《英國憲法》所做的闡釋。

- 公元 1689 年出生於法國波爾多，公元 1755 年卒於法國巴黎。

- 他將未成文的英國憲法進行理論化，事實證明這對之後全世界的成文憲法產生了深遠影響。

孟德斯鳩於 1689 年出生於波爾多。他在朱麗天主學院學習，於 1715 年結婚。這場婚姻給他帶來了一筆豐厚的嫁妝，在此基礎上他可以過上獨立學者的生活。之後的第二年，他的叔叔去世後，他接管了更多財富，不僅獲得了一筆不小的遺產，還繼承了孟德斯鳩男爵的頭銜。

這時是歐洲政治史上輕率魯莽、令人飄飄然的時代。孟德斯鳩出生那年，英國的光榮革命已經獲得成功，於是英國開始公然標榜君主立憲制的特色。1707 年，英格蘭與蘇格蘭統一。1715 年，在位多年而又強權的國王路易十四（Louis ⅩⅣ）的去世宣告了法國一個時代的結束。也許只是出於自然反應，這名年輕知識分子在法國啟蒙運動時期對那樣高度發展的社會和政治發展進行思考。

1721 年，孟德斯鳩憑藉《波斯人信札》（*Persian Letters*）在文學界聲名鵲起。這本書構思巧妙，是以一位遊歷巴黎的波斯人為主角的書信體小說。孟德斯鳩以此為載體，傳達出

立法

行政　　　　　　司法

左圖：孟德斯鳩的三權分立將行政權力分為行政、立法和司法主體，互相制衡，因而支持問責。他的司法體系成為當代很多民主政府不可或缺的一部份。

對現代法國生活荒謬之處的種種犀利而機敏的評論。1734年，他發表了一部很有影響的論述古羅馬共和國衰落原因的著作。該作早於愛德華・吉本的《羅馬帝國衰亡史》（1776），並影響了其後幾代擁護共和政體的人，著名的例子如18世紀後期的美國殖民地的反抗者，反抗者們對當時困擾共和政體的威脅進行深思，認為政治腐敗導致其退化為帝國。

孟德斯鳩因1748年大量發行的《論法的精神》（The Spirit of the Laws），一躍成為最有名氣也最具影響的人士。因為該書涉及的領域是如此廣闊，其特徵不是短短幾句話可以概括的，它對英國未成文憲法體系加以細緻關注，並將其進行理論化表述，專注於保衛自由的權力分立，英國思想家及英國北美思想家們對此十分信服。特別是時常被稱為「憲法之父」的詹姆斯・麥迪遜（James Madison），極為欣賞孟德斯鳩的著作，並且在撰寫新的美國法律的批准時做了書面引用。

孟德斯鳩對其後法國及更廣泛的歐洲大陸革命運動的理論家和黨派人士也產生了更深遠的影響。他愛好廣泛，熱衷於四處遊歷，於1755年因熱病去世。

托馬斯・傑斐遜

(Thomas Jefferson)

托馬斯・傑斐遜在青年時代就是個與眾不同、聰明好學的年輕人。在晚年，他為管理弗吉尼亞大學做了很大貢獻，該大學後來演變成美國第一所獲得公共財政支持的高等教育機構。他還是一位出色且具影響力的新古典主義建築師。然而，傑斐遜作為一名律師的功勞才是最為重要的。

- 公元 1743 年出生於美國弗吉尼亞州的邊山，公元 1826 年卒於美國弗吉尼亞州的夏洛特維爾。

- 《美國獨立宣言》和《弗吉尼亞州宗教自由法令》的作者，還撰寫了其他一些有影響的法律文件和專著。

傑斐遜出生於當時英屬殖民地弗吉尼亞州一個成功的煙草種植家庭。他在威廉斯堡市的威廉與瑪麗學院完成本科學業，之後又學習了法律，並於 1767 年取得弗吉尼亞州的律師資格。

18 世紀 70 年代早期，倫敦及其北美殖民地之間關係惡化，致使傑斐遜捲入了革命政治之中。在 1769 年弗吉尼亞州的城鎮自治議會中，他當選為阿爾伯馬爾郡代表，殖民地的反抗逐漸壯大，傑斐遜就身處這次反抗運動的中心。緊接着，議會通過了不可容忍法令，該法令後來為人們所熟知。傑斐遜寫了一組決議案，公然抨擊如上法令。這些內容寫進了傑斐遜的《英屬北美民權概觀》(Summary View of the Rights of British North America)，它提出了一種新的憲法理論 —— 單一元首和獨立的地方立法機關，並最終效仿英聯邦。

1775 年，北美殖民地與英國之間全面開戰，弗吉尼亞州派傑斐遜作為代表參加第二次大陸議會 —— 代表團最終演變成了議會。大陸議會迅速開始考慮脫離英國正式宣佈獨立的可能性。大陸議會指派傑斐遜參加負責準備獨立宣言的委員會。傑斐遜成為美國《獨立宣言》(*Declaration of Independence*) 的主要起草人。《宣言》極大影響了其後關於政治獨立和基本人權的文件，包括《世界人權宣言》。

在獨立戰爭期間及其後的數年裏，傑斐遜擔任了眾多政府職位。他也對 1787 年起草的新美國憲法產生了間接但重大的影響。

1789 年至 1793 年間，他擔任新憲制下的美國首任國務卿，並與財政部長亞歷山大·漢密爾頓 (Alexander Hamilton) 之間展開了激烈論戰。他們兩人都是華盛頓總統的主要顧問，然而在新國家的政府制度選擇問題上各持己見，爭執不下。

漢密爾頓與傑斐遜之間觀點的分歧在美國的憲法闡釋上及美國主要政黨 —— 民主黨和共和黨抗衡的平台上持續下來。漢密爾頓最終佔了上風，因而傑斐遜於 1793 年辭去了職務。

1796 年，在華盛頓第二屆總統任期結束時，傑斐遜回歸政壇並角逐入主白宮。華盛頓的前任副秘書約翰·亞當斯險勝，傑斐遜當選副總統。極具諷刺意味的是，到 1800 年，傑斐遜在漢密爾頓的幫助下，當選美國第三任總統。卸任以後，傑斐遜繼續撰寫了一些具有影響力的作品。他於 1826 年 7 月 4 日去世，這一天距他的《獨立宣言》發表剛好 50 周年。

亞歷山大・漢密爾頓

(Alexander Hamilton)

亞歷山大・漢密爾頓是《聯邦黨人文集》(*The Federalist*)的重要作者之一並以此聞名。《聯邦黨人文集》是當時美國尚未通過的新憲法的摘要。雖然眾人稱讚《聯邦黨人文集》對政治理論做出了創造性貢獻,但漢密爾頓對美國法律、政治和經濟進程的貢獻要遠大於此。

- 1757 年出生於英屬加勒比耐韋斯島上的查爾斯城,1804 年卒於美國紐約。

- 美國憲法的制定者、捍衛者和理論家;美國第一任財政部長。

漢密爾頓 11 歲時父母雙亡,之後在尼古拉斯・克魯格 (Nicolas Cruger) 的商行裏做職員,並很快當上了經理。14 歲時,漢密爾頓引起了休・諾科斯 (Hugh Knox) 的注意,諾科斯剛到耐韋斯擔任牧師。諾科斯和克魯格募集了一筆錢,送漢密爾頓到北方學習大學預科。在最初幾個月內,他就完成了正常情況下需要幾年才能學完的課程。後來,他被紐約國王學院錄取。

他在國王學院學習期間,美國革命爆發了。他很快應徵加入了大陸軍。成為了喬治・華盛頓 (George Washington) 的副官。

在戰爭的後期,漢密爾頓被任命為邦聯國會紐約州代表。他很快就對邦聯國會無力協調大失所望。他利用業餘時間起草了一項決議,呼籲修訂《邦聯條款》,即後來的憲法。

一年後,漢密爾頓從邦聯國會辭職,開始自學法律,並

很快取得了紐約的律師資格。在紐約，他以創造性的法律頭腦不知疲倦地為當事人進行辯護，還熱情但不失原則地為不得人心的案件辯護，這些給他贏得了巨大的聲望。他還創立了紐約銀行。

不久，漢密爾頓又回到了這個剛剛獨立的共和國的政治舞台。他首先擔任紐約州立法代表，然後擔任 1787 年制憲會議的代表。在制憲會議上，他與另一位年輕的立法家——弗吉尼亞州的詹姆斯·麥迪遜進行合作。這對搭檔首先起草了《美國憲法》，並使之得到制憲會議的通過，然後又促使各州的立法機構批准通過《憲法》。在這項事業中，他們與成為美國第一任首席大法官的約翰·傑伊（John Jay）共同撰寫了《聯邦黨人文集》。

新《憲法》還設立了美國總統的職位。華盛頓作為入閣的第一位總統，很快就提名漢密爾頓做他的第一任財政部長。在這個職務上，漢密爾頓實際上擔當了首相的職責，並為新生美國政體的新生法律和財經制度做出了卓越貢獻。

他的貢獻以兩種形式出現。第一種形式是財政部提出的若干倡議，第二種是提交給華盛頓總統和國會的備忘錄，敦促他們將倡議寫入憲法。漢密爾頓提倡聯邦權威的廣泛實用性，並以其強大的説服力贏得了華盛頓和國會大多數成員的贊同，還贏得了富有影響力的首席大法官約翰·馬歇爾（John Marshall）的贊同。美國的憲法律師至今仍循着傑斐遜的保守主義和漢密爾頓的自由主義兩條主線進行辯護。

漢密爾頓和傑斐遜雖然在許多問題上意見不一致，但漢密爾頓認為傑斐遜是一個非常正直的人，而傑斐遜也認為漢密爾頓是一個集真誠與智謀於一身的人。

詹姆斯 · 麥迪遜

(James Madison)

詹姆斯 · 麥迪遜和同事托馬斯 · 傑斐遜與亞歷山大 · 漢密爾頓一樣，是美國的開國元勳之一。他對美國的貢獻之大難以言喻。然而，他的主要貢獻都與美國憲法有關。美國憲法是世界上最早的國家級成文憲法之一，也是至今仍在使用的最古老憲法。

● 1751 年出生於美國弗吉尼亞的康威港，1836 年卒於美國弗吉尼亞的蒙特培里爾。

● 美國早期很有影響的立法者和美國憲法的主要起草人。

麥迪遜出生於一個煙草種植商家庭，他家住在當時英屬殖民地弗吉尼亞州的皮特蒙特地區。麥迪遜也像傑斐遜一樣，經常欠下倫敦金融商人的債務，所以似乎一直對英國非常反感。他於 1769 年到 1771 年間就讀於新澤西學院（現在的普林斯頓大學），兩年內完成了四年的課程。他又繼續上了一年研究生課程。由於這個原因，他有時被稱為「美國的第一個研究生」。

1776 年，麥迪遜被選入剛剛宣佈獨立的弗吉尼亞州立法委員會。在那裏，他很快與托馬斯 · 傑斐遜形成聯盟，成為這位年長同事的門生。這期間，他協助起草了弗吉尼亞州《宗教自由宣言》(*Declaration of Religious Freedom*)，開始了促使政教分離的長期事業。

1780 年，麥迪遜當選為北美殖民地大陸會議的弗吉尼亞州代表。他深諳國會運行的技術性細節，具有制定和起草法

律的天才。借此兩點，他開始了自己著名的立法生涯。1783年，隨着和平和民族獨立的到來，他越來越擔心當時弱小的美國政府能否完成建國大業。

到 18 世紀 80 年代後期，麥迪遜與亞歷山大‧漢密爾頓聯手，起草制定了一部新憲法。1787 年，在賓夕凡尼亞州費城舉行的制憲會議上，麥迪遜起草的《弗吉尼亞計劃》(Virginia Plan) 成為美國後來憲法的基石。在草案中，他提出了由行政（即總統）、立法（即國會）和司法（即最高法院）組成聯邦政府的三權分立制，這部分受到孟德斯鳩對英國未成文憲法體制理解的啟發。

麥迪遜還是美國新憲法前十條修正案——即權利法案的主要起草人。麥迪遜會同漢密爾頓和作用稍小的聯邦主義者約翰‧傑伊，在著名的《聯邦黨人文集》中支持通過新憲法，這一舉動產生了較大影響。麥迪遜在《聯邦黨人文集》中的第十篇文章是當今他被引用最多的一篇文章，也為美國當代政治多元化理論奠定了基礎。

麥迪遜在總統任期結束後仍然十分活躍。他繼續為美國官員提供法律咨詢，甚至在弗吉尼亞州繼續做立法工作，一直工作到 80 多歲。他作為最後一位辭世的美國憲法簽署人，於 1836 年離開人世，享年 85 歲。

> 無論何時，只要發現政府有違或不符合它制定的目的，人民就有權利改革或改變他們的政府。這一權利不容置疑、不可剝奪且不能廢除。
>
> ——《權利法案》引言

約翰 · 馬歇爾 (John Marshall)

當開國元勳將美國政體以憲法的形式設計在書面上時，約翰 · 馬歇爾作為這個新國家最有影響的大法官，在決定新體制的實際功能方面起到了決定性的作用。

馬歇爾出生在美國邊疆郊區那個有名的小木屋裏。他的母親是托馬斯 · 傑斐遜的表妹。

- 1755 年出生於美國弗吉尼亞州，1835 年卒於美國賓夕法尼亞州的費城。

- 建立起由美國最高法院執行的有效司法審查模式，以及相對於各州的美國聯邦最高權威。

1775 年美國革命爆發時，馬歇爾參加了弗吉尼亞州志願團，並很快被任命為陸軍中尉。1779 年，他回到弗吉尼亞州當時的首府威廉斯堡學習法律。他師從喬治 · 韋斯 (George Wythe)，韋斯是弗吉尼亞州的知名律師，也曾培訓過傑斐遜。1780 年，馬歇爾又服了一段短期兵役，在 1781 年戰爭即將結束時開始當律師。

1788 年，馬歇爾當選為弗吉尼亞州會議代表，並被選入陪審團，決定美國新憲法的通過事宜。他在新聯邦黨內十分活躍，贊同通過憲法。他繼續做私人律師，並在憲法得到通過、美國政府以現在的形式出現後，陸續在許多政府工作崗位上任職。

然而，馬歇爾在擔任美國第四任首席大法官時，才給司法史留下了不可磨滅的印記。他於 1801 年初就任首席大法官後，立刻給最高法院帶來了活力。那時，最高法院還沒有開始履行它的憲法職責。作為政府的第三個部門，最高法院與總統和國會地位平等。

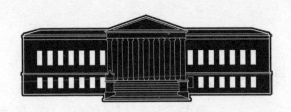

上圖：約翰・馬歇爾作為首席大法官，創建了作為權利中心的美國最高法院，並鞏固了司法部作為美國聯邦政府一個重要獨立機構的地位。

馬歇爾就職後不久，開始實施一種持續至今的做法，即宣佈「法院的意見」，而不是 9 位法官每個人的意見。剛一任職，他就撰寫了 1803 年的「馬伯里訴麥迪遜」(*Marbury v. Madison*) 一案的司法判決，這可能是最高法院最有名的司法意見，當中有一句有名的陳述：宣傳法律是甚麼是司法部門的責任範圍和重要職責。繼這一論點，他仿照英國柯克勳爵的方式建立了「司法審查」做法，該做法已牢牢地扎根於美國憲法實踐中。

馬歇爾撰寫的另一個著名司法判決大概要數 1819 年的「麥卡洛奇訴馬里蘭州」(*McCulloch v. Maryland*) 一案。在這一案件中，法院既支持美國第二銀行的合憲性，也判決馬里蘭州要向銀行課稅的行為無效。這一判決為確保稚嫩的美國憲法體系中聯邦的最高權威起了很大作用。

馬歇爾也為憲法形成期的最高法院撰寫了許多有影響的司法意見。可以說他是美國在任時間最長的首席大法官，直到 1835 年離世，他一直都在任上。在中央政府尚未強大、中央法院體系尚未完善之際，他肩負起首席大法官的職責。他使一個有活力的法庭和中央政府走上法制的軌道。

威廉 · 莫里 (William Murray)
—— 曼斯菲爾德的第一位伯爵

曼斯菲爾德勳爵（Lord Mansfield）在歷史上以其政治和法律生涯聞名，然而他當今主要以兩點聞名：第一，他較早對廢除英國奴隸制的事業實施司法介入；第二，他為英國法系下的現代商法奠定了堅實基礎。

- 1705 年出生於蘇格蘭佩思郡的斯寇恩，1793 年卒於英格蘭倫敦的肯伍德。

- 被認為是現代商法之父，英國司法廢奴的領導人。

曼斯菲爾德在蘇格蘭出生時名叫威廉·莫里，他是斯多蒙特（Stormont）第五代子爵大衛·莫里（David Murray）最小的兒子。牛津大學畢業後，他開始在林肯律師學院學習法律，1730 年獲得律師資格。他在許多引人注目的法律案件中所做的辯護慷慨激昂、入情入理，因此一舉成名。他也很快加入到當時最知名學者和文人墨客的圈子裏。

1742 年，曼斯菲爾德被選入巴勒布里奇議會，並被任命為副檢察長，從此開始了他傳奇般的政治生涯。1754 年，他成為首席檢察官，1756 年擔任王座法院的首席法官。他在當法官的同時，在國會政治方面也十分活躍。

曼斯菲爾德雖然在 18 世紀末的英國政治舞台上扮演過許多角色，但最為人知的還是他的司法生涯。他主持過許多重要的政治審判，人們至今仍仰慕他的辦案公正。然而，給他帶來顯赫聲名的是他在廢除英國奴隸制和商法現代化的過

程中所起的作用。當時，正在商業化的英國和美國迫切需要一部現代化的商法。

曼斯菲爾德為廢除奴隸制所做的最著名貢獻是他在「薩摩賽特案」（Somerset's Case）中做的判決。詹姆斯·薩摩賽特（James Somerset）是英國弗吉尼亞殖民地的一個合法奴隸，1772年被他的主人斯圖亞特（Stewart）帶到英國。薩摩賽特向斯圖加特提起訴訟，認為奴隸制違法。

曼斯菲爾德同意薩摩賽特的看法，並寫下著名的論斷：奴隸制是「這樣一種本質」：「無論在道德上還是政治上，它都沒有任何理由被採納。」他繼續說，除了實在法，沒有甚麼能支持奴隸制；實在法「在已經沒有理由存在的情況下，長期非法保留自己的法律效力」。最後，曼斯菲爾德以接近自然法的法律為基礎，反對實在法支持的奴隸制，這引發了一場辯論，這場辯論最終導致奴隸制被實在法本身廢除。

他對商法的貢獻與此類似。在曼斯菲爾德的時代，扎根於中世紀的普通法已被證明不適合正在發展的商業的需要。陪審團斷案只憑一時衝動，信馬由韁，幾乎沒有留下甚麼可用的原則，用於指導後來的司法審判。

曼斯菲爾德不滿意已經過時的、罕用的判例。另外，他深諳羅馬法複雜的商業原則和簡化的商業慣例。這兩點使他決心繞過那些無用的普通法判例，制定一套可以合理解決合同和商業案件的原則。最後，一套完整的商法體系終於形成。這套體系的結構仍支配着英國最現代的合同法和商法。

本傑明・N.卡多佐

(Benjamin N. Cardozo)

卡多佐對美國合同法和侵權法的影響可以和曼斯菲爾德伯爵對英國現代早期商法的影響相提並論。他富有影響的司法評議大量出現在美國法學院的案例選輯中。他的引用率大概比美國霍姆斯 (Holmes) 以外的任何法官都高。

- 1870 年出生於美國紐約市，1938 年卒於美國華盛頓特區。

- 對合同法和侵權法的影響高於他之後的任何美國法官。

卡多佐的父親阿爾伯特 (Albert) 本人就是律師。卡多佐小時候，其父被牽連進一個司法腐敗醜聞。有人認為，卡多佐當法官時工作十分努力，把司法評議寫得明顯優雅且道義十足，是因為他極欲恢復家族的名聲。

卡多佐 15 歲開始在哥倫比亞大學讀本科，1889 年一畢業，就到哥倫比亞大學法學院繼續學習。哥倫比亞大學將他的學習時間由兩年延至三年。但是卡多佐拒絕多學一年，結果，美國 20 世紀最有名的法官缺少一個法學學位，令人啼笑皆非。

1891 年，卡多佐在紐約獲得了律師資格，並於 1914 年前一直在這裏當律師。隨即，他成為紐約最高法院的一名法官，該法院是紐約州負責普通審判的初審法院。他在這個位置呆了不到一個月，就被提升到紐約上訴法院 —— 紐約州最高上訴機構。在之後的 18 年裏，卡多佐在這裏的工作給現

代法律帶來了深遠影響。

在紐約法院，卡多佐制定了合同法、侵權法和產品責任法。在當時飛速工業化且全國一體化的經濟中，人們普遍接受一些信條，卡多佐的法律比這些信條更具理性。比如，現代合同法中「要約方禁止反悔」和「第三方受益人」的法條大體上就是他制定的。卡多佐在侵權法中制定的直接因果關係條款也同樣著名。在企業組織法裏，卡多佐制定的信託責任條款至今仍被看做是法庭宣佈過的、最具道德強制力的條款。

與卡多佐的法條創新同樣值得一提的是他優雅的寫作風格。這並不令人驚訝，畢竟他有一個做詩人的表妹愛瑪・拉扎勒斯（Emma Lazarus）。他的判案方法獨特實用、講究道德，其背後的思維方式和他優雅的法律評注風格，淋漓盡致地表現在《司法過程的性質》(*The Nature of the Judicial Process*) 裏，這本著作至今仍被廣泛閱讀。卡多佐 1921 年在耶魯大學法學院做了斯多斯系列講座，該書便是根據講座內容編寫並出版的。

信託責任
(Fiduciary duty)：
兩個當事人之間的一種法律信任關係，即受託人與委託人之間的法律信任關係。

> 危險邀來援救。
> ——本傑明・卡多佐，「瓦格納訴國際鐵路」案

1932 年，卡多佐被任命到美國最高法院就職。這項任命不但在參議院一致通過，還受到全美法律界重要人物、知名人士和法庭在職人員的歡迎。他們中的有些人甚至說，如果有必要，他們可以主動辭職，為他在最高法院騰出一個職位。卡多佐似乎成功地恢復了家族的名譽。

艾爾伯特・維納・戴雪

(Albert Venn Dicey)

戴雪是近代英國未成文憲法的重要提倡者。他的著作影響很大，如今被認為是英國憲法的一個組成部分。

- 1835 年出生於英格蘭萊斯特郡，1922年卒於英格蘭牛津。

- 英國憲法的重要理論家，自由和法制的捍衛者。

戴雪出生在維多利亞時期前夜的萊斯特郡拉特沃斯。他不到 20 歲就上了牛津巴里爾學院，並在此拿到學士學位。之後，他去倫敦攻讀法律，並於 1863 年取得律師資格。在成功地做了一段律師之後，他於 1882 年被聘為牛津大學英國法律的佛尼林派教授和牛津大學萬靈學院的研究員。臨近 19 世紀末，他成為新倫敦經濟學院的首批法學教授。1899 年到 1912 年，他擔任倫敦大學勞工學院的院長。

戴雪寫過一些影響極大的專著，研究英國憲法、憲法理論以及憲法實踐。他不但通曉英國憲法理論和實踐，還通曉大西洋彼岸美國的憲法理論和實踐。

他這方面的知識在他最有影響的著作《英憲精義》(*Lectures Introductory to the Study of the Law of the Constitution*, 1885) 中展露無遺。在這部著作及另一部著作《樞密院》(*The Privy Council*, 1887) 中，他認為英國人享受的自由植根於憲法授予國會的最高權力和至高無上的法律，法院行使權力和實施法律時不應受政治的影響。在這種意義上，他是法制、三權分

左圖：戴雪認為，英國憲法應由國會最高權力和法制支撐，對保護英國公民的自由不可或缺。

立和司法審查的典型倡導者。

戴雪還警告說，當代存在的對自由的侵犯危及英國傳統的自由。部分出於這個原因，他至今仍被英美保守派或傳統派政治家和法學思想家所仰慕。

戴雪強烈反對愛爾蘭地方自治，並在 1886 年和 1913 年之間撰寫了四部這方面的著作。他還經常就這方面的問題在公共場合演講，直到去世為止。據說，1921 年愛爾蘭自由邦的成立使他怒不可遏。

儘管存在以上情況，但戴雪較早就支持全民公決應作為解決英國政治問題的手段，這令人感到奇怪。他在這方面的思想可見於《英國法律與公眾意見之關係講義》（*Lectures on the Relation Between Law and Public Opinion in England*, 1905）。

馬庫斯・圖留斯・西塞羅

(Marcus Tullius Cicero)

西塞羅是歷史上最著名的法學家、政治家和政治思想家之一。他為法律當事人做的雄辯、他的法律和政治哲學著作以及他的政治生涯，兩千年來一直備受仰慕並被廣泛引用。

- 公元前 106 年出生於羅馬附近的阿爾庇努姆，公元前 43 年卒於羅馬附近的福爾梅。

- 羅馬的政治家、法學家、哲學家，將希臘哲學與羅馬法融為一體，創立自然法和共和政治理論。

西塞羅出生在距羅馬 110 公里的阿爾庇努姆的一個貴族家庭，自幼便由做騎士的父親教習。有人發現他是個奇才，便邀請他師從著名的法學家庫伊特・穆齊・斯卡沃拉 (Quintus Mucius Scaevola)，學習羅馬法。

西塞羅博學多才。幼年時，他不僅學習所有的法律，還擅長詩歌、歷史和修辭。15 歲時，據說他愛上希臘文學，尤其與希臘哲學墜入愛河。希臘文學的影響在他後期的演講和理論著作中顯而易見。

西塞羅大約在公元前 83 年開始了律師生涯。一開始，他就成功地為獨裁者蘇拉 (Sulla) 的敵人塞克斯塔斯・羅西烏斯 (Sextus Roscius) 做了辯護。後來，他大概是擔心有生命危險，離開了羅馬，到雅典生活學習。雅典那時仍然是歐洲的知識之都。

西塞羅於公元前 70 年代中期回到羅馬，並開始了他的

左圖：公元前 63 年，西塞羅與蓋烏斯・安托尼烏斯・敘布里達 (Gaius Antonius Hybrida) 一起做執政官。執政官是行政官員，作為政府首腦，一年選舉一次。執政官每次選舉兩人，彼此可相互否決，以避免濫用權力。

政治生涯。他擔任過檢察官、執政官還有其他一些職務。那是羅馬疾風驟雨的時代，社會動盪、內戰和立憲接連不斷。西塞羅與當時的核心人物凱撒（Caesar）和屋大維（Octavian）時而友好，時而反目。他常常出現在重要的審判和高風險的政治鬥爭中，這導致他於公元前 43 年被政治謀殺。

> 人民的福利是終極之法。
> ——馬庫斯・圖留斯・西塞羅，《論法律》

　　儘管西塞羅的許多演講雄辯優雅，但他只給我們留下兩種法律方面的遺產。第一，他鍾愛以人的基本正義原則為中心的希臘斯多葛哲學，系統地將其翻譯成拉丁文，並借此編寫了拉丁文的哲學詞彙。他的大多數原則都是從這一哲學思想吸收而來，他獨自使羅馬法哲學化，並使之發展成為一套實用的司法理論，後來這套理論又發展成為中世紀的自然法理論。

　　第二，西塞羅創立了一套豐富的羅馬共和國理論。該理論基於自由、小政府、行政權與立法權的分離，是對羅馬遭到內戰和獨裁破壞的昔日立憲內容的理想化的理論闡述。為恢復古憲法，西塞羅進行了不懈的努力。在這個過程中，他留下了大量雄辯的著作，這些著作對 18、19 世紀甚至 20 世紀歐美的政治革命和成文憲法產生了直接或間接的影響。

自然法和法律實證主義

「不公正的法律到底是不是真正的法律？」這一問題古來有之，但至今仍令人迷惑。大概多數人並不願意將武裝歹徒強加給人的要求冠以「法律」的稱號，因為那樣做有違道德精神。人們也不認為任何人都有遵守這種推定「法律」的道德義務。然而，人們可能同樣不會因為自己的不滿，而拒絕把具有明顯善意的法律條款稱為「法律」。

那麼，如果遭遇法西斯立法機構強迫實施的法令、昏庸法官所做的裁定，或面對由獨裁者頒布、公民無法反抗或不願反抗的命令，人們應該怎麼辦？那些貌似執行政府行為的人何時會變成事實上的一群跳樑小丑？強制實施的法令何時能達到完全意義上的、人們有道德義務去遵守的「法律」的高度？

這些問題是法律哲學史上十分古老的問題，圍繞這些問題，爭議從來沒有休止，也不曾有休止的跡象，因為相關概念漏洞百出、爭議不休。但是，這並不意味着我們無法釐清爭議各方比較極端的立場以及可能中立的立場。

自然法立場是分歧的一個極端。根據自然法，如果旨在成為法律的條文有違公正，那麼，無論是頒布程序不公，還是對公民提出的要求不公，它都不能被合理地稱為「法律」，公民也沒有義務去遵守。

與此立場相對立的是法律實證主義。這一派別認為，法

律只不過是最高統治者的命令性假設。當然，甚麼算權威這一問題本身就不容易澄清，因為權威有時具有合法性，有時只不過是一種強迫能力。然而，法律實證主義者的標誌性特點是他們認為，只要權威的問題得到回答，甚麼算「法律」這一問題也就迎刃而解，也就是說，法律是合法權威制定的權威性規則，而不管這些規則的內容或「實質」的道德法律依據如何。

由於篇幅所限，上述區分難免有囫圇吞棗之嫌。現代自然法理論和法律實證主義有很多微妙的變化形式。如今，人們不會持有任何一種極端立場。比如，包容性法律實證主義者贊同法官在詮釋含有道德措詞的法律條款時運用道德原則（至少在授權此種做法的法律制度下可以這樣做）。而對於新自然法理論家來說，道德原則的作用與其說在於遵守法律條文，不如說在於制定優法、廢除劣法。

如今，資深法律實證主義者和自然法專家都制定不太極端且細緻入微的理論，以承認直覺感知的作用。他們在一些問題上的分歧似乎越來越少，如甚麼被稱為「法律」、何種情況下在道德義務上遵守何種規則、道德原則在法律框架的框定和詮釋中起甚麼作用等。一些仍存在的分歧也似乎越來越呈現為一個度的問題。也就是說，某些特定法律條款或冒牌立法者和司法之間偶爾會出現一些分歧，這些分歧的大小和出現的頻率決定了我們何時不再將這些法令稱為法律，或不再遵守直至徹底改變這些法令。

聖・托馬斯・阿奎那

(St. Thomas Aquinas)

聖・托馬斯・阿奎那是中世紀知識界的傑出人物，短短幾段文字並不足以概括他的成就。他對法律界的重要意義在於，他闡述了自然法的綜合原理，該原理由人性、人的能動性、道德倫理、政治和法律幾部分組成。

- 1225 年出生於西西里的羅薩西卡，1274 年卒於意大利的弗薩努瓦大修道院。

- 將亞里士多德哲學與基督教神學和羅馬法律有機結合起來，創立了最富影響的自然法理論。

阿奎那出生在父親的城堡裏，該城堡位於西西里王國羅薩西卡。他出身貴族，母親與神聖羅馬帝國霍亨斯陶芬王室（Hohenstaufen）有血緣關係。

由於阿奎那的叔叔西尼伯德（Sinibald）是蒙特卡西諾市本篤會大修道院的院長，家人期待阿奎那將來也能進入本篤會，並成為一名院長。阿奎那從 5 歲起就在家附近的一個寺院裏學習，5 年後在那不勒斯大學就讀，16 歲完成學業。在大學期間，他決定在多明我會擔任某一神職，而不是在本篤會。他的家人為此大為不悅，將他囚禁了一段時間，想勸服他按原計劃行事。然而，阿奎那立場堅定，在教皇英諾森四世的干預下，他在 17 歲時披上了多明我會的道服。

阿奎那顯示出極高的學習資質。1244 年，多明我會的前輩們把他派到科隆學習神學，師從赫赫有名的大阿伯拉爾（Albertus Magnus）。阿奎那學習不到一年，大阿伯拉爾就被

派到巴黎大學，阿奎那也陪同前往，並於 1248 年在巴黎獲得神學學士學位，後來回到科隆當了一名講師。1252 年，他重返巴黎，攻讀神學碩士學位。阿奎那後來遊學全歐，著書立說。他到過巴黎、科隆、羅馬和波倫亞等地當時著名的高等學府。他遊學期間最偉大的貢獻就是他那部里程碑式的《神學大全》(Summa Theologia) —— 一部集亞里士多德學問和聖經基督教教義於一體的神學、形而上學、道德哲學著作。

阿奎那對法學的主要貢獻可透過他在《神學大全》中對自然法的描述管窺一二。阿奎那認為，上帝賦予人理性，人通過理性發現世界是有秩序且可以理解的。人作為組成世界的生物體，因時境之遷而盛衰交替。人運用理智，能夠辨別時境的盛衰；道德倫理和法律準則會最終沿着思維線索將人的想法記錄下來。在阿奎那看來，無論一個人的宗教信仰如何，情況都是如此，因為當人認識到世界是理性的且可以被人理解的時候，自然會產生信仰。

這些觀點首先遭到奧古斯丁派神學家的反對，因為該派認為，人無法理解上帝及上帝的戒律，而只能遵守這些戒律。從某種意義上說，阿奎那的反對者都是早期法律實證主義者，他們視君主意志為意志，而不是理智。阿奎那並不否認意志的重要性，他只是堅持認為，人恰好能夠理解上帝的意欲所為，因為人是上帝的意欲所創；塵世間君主制定的法律也應該被人理解，或者說應具有理性。阿奎那的觀點為普芬道夫 (Pufendorf)、德沃金 (Dworkin)、菲尼斯 (Finnis)、格勞秀斯 (Grotius) 等後世法學家的理論奠定了基礎。

巴爾多魯・德・薩修費拉托

(Bartolus de Saxoferrato)

巴爾多魯大概是中世紀最有影響的羅馬法專家。直至當代，大多數歐洲法律仍植根於羅馬法法理並從中得到發展。當時做一名羅馬法學者等於現在做一個通曉國家全部法律體系的學者。巴爾多魯的名字出現在中世紀晚期和現代早期一條耳熟能詳的格言裏：要想成為優秀的法學家，必把巴爾多魯的學問拿。

- 1313 年出生於意大利威那圖拉，1357 年卒於意大利佩魯賈。

- 中世紀最有影響的羅馬法專家。

　　巴爾多魯出生在意大利的馬什地區。他少年時進入佩魯賈大學，在著名法律學者西努斯（Cinus）門下攻讀法律。後來，他去波倫亞大學學習。該大學率先恢復了幾世紀前的羅馬法學術並在該領域處於領先地位。在波倫亞大學，巴爾多魯師從兩位大學者 —— 貝爾維索（Belviso）和歐德拉杜斯（Oldradus），並於 1334 年獲得法學博士學位。

　　1339 年，巴爾多魯開始在比薩大學教授法律，不久又去佩魯賈大學法學院教法律。由於巴爾多魯的努力，佩魯賈大學在很短的時間內就在法律研究方面與波倫亞大學不相上下，伯仲難分。到 1348 年，佩魯賈為獎勵巴爾多魯的工作成績，給予他佩魯賈榮譽市民身份。

　　1355 年，神聖羅馬帝國皇帝查爾斯四世（Charles IV）任

命巴爾多魯為他的顧問，之後不到兩年，巴爾多魯就英年早逝了，享年 43 歲。到他逝世的時候，他已經蜚聲羅馬帝國。為了紀念他，有人在他舊金山教堂的墓地上立起了一座大紀念碑。碑文非常簡單，只有幾個字——巴爾多魯之墓，用意大利文書寫。

巴爾多魯的生命雖然短暫，但他在當教授和皇帝的顧問時撰寫了許多有影響的法律著作。他給查士丁尼《民法大全》（*Corpus Iuris Civilis*）的所有重要部分撰寫了重要評論，還寫了許多法律專題論文，最有名的一篇可能是河岸法（河道航行和使用的法律）。他還應主審法官之邀，有時應私人訴訟當事人之邀，寫了上百條法律咨詢意見。

巴爾多魯是偉大的法律革新家。他根據自己對羅馬法律的理解，提出了許多新的基本法律概念，其中大部分在當今民法體系中仍被使用。其中使用最久的是在憲法領域，尤其是在國家或帝國這樣的大政體與其城邦、城市住宅區之間的關係方面，以及所謂的法律衝突領域。

巴爾多魯在歐洲的影響力一直持續到現代早期。在他逝世後幾個世紀裏，他的意見始終被看做大陸法體系中的定義性解釋。的確，西班牙和葡萄牙等一些國家就有這樣的成文法令：在沒有相關直系法的領域，巴爾多魯的評論意見將作為法律使用。這位歐洲法律學者的形象非常高大，莫札特（Mozart）的《費加羅的婚禮》（1786）和羅西尼的《塞維利亞的理髮師》（1816）這兩部歌劇裏都描寫了一位叫巴爾多羅（Bartolo）的主人公。

薩繆爾・普芬道夫

(Samuel Pufendorf)

普芬道夫是中世紀自然法理論、現代自然法理論和國家法之間的關鍵性過渡人物之一。他的著作被 18 世紀北美和法國大革命的領導人廣泛引用並討論。

- 1632 年出生於薩克森州達奇市的多夫奇門尼茨・斯多博格，1694 年卒於普魯士的柏林。

- 有影響的現代早期自然法和國際法理論家。

　　普芬道夫的父親是一個路德教的牧師，家人打算叫普芬道夫承襲這一神職。他在格里馬的富爾登舒爾接受早期教育後，被送到萊比錫大學學習神學。然而，他並不喜歡這個科目，轉而學習公法。

　　普芬道夫後來轉到耶拿大學。在那裏，他很快受一個數學專業的朋友影響，開始閱讀笛卡兒（Descartes）、霍布斯（Hobbes）和格勞秀斯（Grotius）的作品。普芬道夫於 1658 年完成了在耶拿大學的學習，獲得碩士學位。後來，他在駐丹麥哥本哈根市的瑞典公使彼得魯斯・尤里烏斯・考耶特（Petrus Julius Coyet）家裏當家庭教師。沒過多久，考耶特捲入了瑞典與丹麥的一場政治紛爭，結果，普芬道夫和他的監護人一起被監禁了一段時間。在被監禁期間，他似乎已在腦海裏構建好了他稱之為普通法的體系，這一構思的靈感來源於他閱讀過的格勞秀斯和霍布斯的著作。他獲釋出獄後，於 1661 年在萊頓大學將他的構思寫成文字並付梓，書名是《普遍法理學原

上圖：普芬道夫認為，國際法不應局限於基督教國家，而應在全世界推行。他的理論對現代國際法的形成起到了推動作用。

理》（*Elementa Jurisprudentiae Universalis*）。

　　普芬道夫的書廣受歡迎。帕拉蒂尼的選舉人查爾斯・路易斯（Charles Louis）為他在海德堡大學爭取了當客座教授的機會，他之所以得到這一職位，部分原因可能是他的書受到歡迎，部分原因可能是他將書獻給了查爾斯・路易斯。後來，他在法學、政治理論以及政教關係方面的一系列名作相繼出版，全北歐地區的大學和皇室都給他提供職位和任命。

　　普芬道夫最大的貢獻是他系統闡述了人與國家之間公平關係的一套基本原則，這套原則很接近自然法理論。他解釋道，人的權利和義務不依賴於最高統治者制定的法律，法律與其說是由教會權威頒布，還不如說內在於人性本身。普芬道夫不同意霍布斯把人的原始狀態看做不斷衝突的觀點。他認為，人的自然狀態傾向於和平的合作，但是人的原始狀態可能被利己主義打破，因此需要強制性的法律來支撐。

　　普芬道夫以人性和人的關係為基礎，概述了一些原則。他認為，所有人、國家甚至戰士在交往中或戰鬥中都必須執行這些原則。在這種意義上，他是現代正義戰爭理論及國際法和現代自然法理論的創始人。

傑里米 · 邊沁 (Jeremy Bentham)

傑里米 · 邊沁對英國法律、英聯邦法律以及美國法律的影響怎麼強調都不為過（對美國法律的影響稍小）。他對英美經濟思想和政策分析的影響可能更大。這並不意味着他在這方面具有絕對的影響，因為至少還存有爭議。

- 1748 年出生於英國倫敦，1832 年卒於英國倫敦。

- 早期現代法律實證主義者、功利主義者和法律改革家。

邊沁出生在一個至少兩代都有律師的家庭裏。他 12 歲到牛津皇后學院就讀，1763 年獲得學士學位，1766 年獲得碩士學位。雖然他於 1769 年取得了律師資格，但他從未從事律師職業。相反，他步入了作家和法律改革家的生涯。

邊沁是一個寫作奇才，作品涉獵廣泛，但他的大多數作品都是在去世後出版的。他深受法國啟蒙主義思想家貝卡里亞（Beccaria）、狄德羅（Diderot）、伏爾泰（Voltaire）等人著作的影響，堅持理性主義精神，認為英國普通法的繁文縟節和臃腫是一個醜聞。他提倡用一個簡明扼要的法典徹底替代普通法的實施方法。

邊沁認為，把法律看做對正義、理性或倫理原則的表達是不可靠的，也是有害的。他認為，法律是最高統治者確立的立法，也理應如此。他做過一件臭名昭著的事，即嘲笑自然法和人權概念是「誇張做作的胡說」，並聲稱我們擁有的唯一權利是政治權威賦予我們的權利。

這一觀點與他贊成法典化相吻合，即他否認判例法法官在斷案時的角色是不斷發現自然正義；這也與他的一個倡議相吻合，即法律應該由最高統治者事先進行充分闡釋。

如果法律完全是事先制定，且不着眼於維護基本人權，那麼人們可能會問，一部法典的條款由哪些因素來決定呢？在這個問題上，邊沁倡導的原則是法律的制定應該着眼於「最大多數人的最大幸福」，這條原則後來被稱之為功利主義。

邊沁後來注意到，「最大幸福」與「最大多數人」可能是衝突的，於是放棄了後者。這樣，功利主義者將政策和法律看做是服務於「最大化」某種假定的可量化的量，如「功利」、「福利」、「財富」等。有些批評家質疑他的這些觀點比他有關基本人權的觀點到底少了幾分荒謬。

邊沁的思想對現代經濟理論和政策分析產生了巨大影響。然而，他認為以下觀點對法律的影響不大：即人權已逐步在法律中得到廣泛認可且得到現實維護。

功利主義（Utilitarianism）：一種追求「最大多數人的最大幸福」的信條。這裏，「幸福」被理解為享受性功利，即只注重物質性快樂，遠離痛苦。由於兩種目的可能發生衝突，邊沁的現代追隨者一般只在「最大幸福」或「最大多數的（政策受益者）」之間選擇其一，作為他們的主要目的。

最大多數人的最大幸福才是衡量是非的尺度。
——傑里米·邊沁

弗里德里希·卡爾·馮·薩維尼

(Friedrich Carl von Savigny)

薩維尼開啟了一個不同的法律研究方法,被稱為歷史法學派。該派認為,一個民族的判例法首先必須表達那個民族的基本價值觀念,必須做系統詮釋、説明和領會,然後才有可能重新表述為一部成文法。從那時起,這一概念成為法學的一個重要部分。

- 1779 年出生於德意志海斯公國美因河上的法蘭克福,1861 年卒於普魯士柏林。

- 歷史法學派富有影響的主要創始人和倡導者。

薩維尼 16 歲時到馬爾堡大學就讀,在德國幾位著名的法律學者門下學習法律。他也曾到德國其他一些大學求學,其中包括耶拿大學和萊比錫大學,之後返回馬爾堡大學,並於 1800 年獲得法學博士學位。他的第一部著作於 1803 年出版,是一篇有關羅馬時期以來財產法的論文。該書出版後立刻成為經典之作,很快就為薩維尼在歐洲的法學家圈裏贏得了聲望。

1804 年,薩維尼和德國著名作家貝蒂那·馮·阿尼姆(Bettina von Arnim)和克萊門斯·布倫塔諾(Clemens Brentano)的妹妹庫尼甘德·布倫塔諾(Kunigunde Brentano)結婚。薩維尼和庫尼甘德遊歷中歐,在此期間,薩維尼積累了更多中世紀全歐適用的羅馬法知識。

1810 年,薩維尼在巴伐利亞大學做了不長時間的羅馬法教授,之後又到柏林大學做羅馬法教授。在這裏,

他創立了一個專門法庭，該法庭後來被稱為「特別法庭」（SpruchCollegium），附屬於柏林大學法律系，專門為普通法庭辦理的案件提供咨詢意見。

1814 年，薩維尼發表了短篇著作《論立法與法學的當代使命》（*Of the Vocation of Our Age for Legislation and Jurisprudence*），反對將德國法律法典化的日益高漲的呼聲。這項工作在創建歷史法學派的過程中產生了很大影響。

薩維尼繼續創立其他一些重要出版物，其中包括 1815 年的《歷史法學期刊》（*Journal of Historical Jurisprudence*），該學術期刊反映了他開啟的歷史主義領域所做的工作；還有《中世紀羅馬法歷史》（*History of Roman Law in the Middle Ages*），該書闡釋了歐洲共同法如何分裂為若干不同國家的法系，與第一卷地方行政官有關（該系列的最後一卷到 1831 年才完成）。從 1840 年到 1849 年，薩維尼出版了《當代羅馬法體系》（*System of Modern Roman Law*），這是一部反映羅馬法在當代法理中運用的 8 卷本著作。1850 年，他又出版了 5 卷短篇作品選集，1853 年出版了影響較深的合同法論文。

薩維尼作為哲學和歷史法學大師，名聲穩步提高，數十個學術獎項和司法任命接踵而至。1842 年，他被任命為普魯士首席大法官。1861 年他剛一辭世，全世界的法律學者就認識到：歷史上最偉大的法律學者與世長辭了。他還原了對羅馬法的理解，使羅馬法的生命在歐洲法理中得以延續。他運用並改革了當代法，使之與羅馬法的精神相一致，進而使羅馬法在歐洲法律中得以彰顯。他向世人表明，歷史與哲學的結合會使法律知識結出豐碩的果實。

法律與社會科學

法律現實主義者對法律的批評，使得人們對法律與社會現象的互動研究大幅增加。在眾多法律和科學流派中，最著名的要數法律和經濟學流派。

法律的經濟學分析也叫「法律與經濟」，是一種法律研究方法。該方法強調不同的規則和法律制度對財富創造的影響。它既有積極面，也有標準面。

積極的法律經濟學分析認為，許多普通法法理的存在是因為法官有不想表達清楚的制定規則的意志，這些規則要使浪費最小化，價值最大化。積極的法律經濟學分析常常與20世紀70年代理查德‧波斯納（Richards Posner）的著作有關。波斯納當時是教授，現在是法官。很少有人相信積極的法律經濟學分析能夠繼續支撐下去。否認該論點的人當中就有波斯納本人。

所謂標準法律經濟學分析的壽命要長一些。法律與經濟學的標準面實際上用「應該是」取代了積極面的「是」，也就是説，該派支持者認為，財富最大化雖然不是法官和立法者在制定法律時的目的，但它應該是制定法律的目的。他們認為財富最大化是一件好事，甚至比邊沁的功利主義還好。

法律經濟學分析的標準面同積極面一樣，也和理查德‧波斯納的著作有關。然而，波斯納從擔任法官後，認為更多人的利益比法律所服務的財富最大化更重要，法律應該為更多人的利益服務。

在法律經濟學分析的標準面影響日漸衰弱期間，比較有影響的是羅納德・德沃金和蓋多・卡拉布雷西（Guido Calabresi）的著作，卡拉布雷西以前當過教授，現在是美國聯邦法官。二人都強調，在評估不同規則和法律制度的適用性時，應該考慮分配的重要性。在其他一些比較有影響的學者中，最有名的要數耶魯大學的朱爾斯・科爾曼（Jules Coleman），他強調法律標準經濟學對財富的理解具有不確定性。

多數美國及許多歐洲的法律科學院都至少有一些學者遵循法律和經濟學傳統。現在這一傳統的規模正在不斷擴大，比如說，現在有一個所謂行為法律和經濟學學派正在不斷壯大，卡斯・桑斯坦（Cass Sunstein）是一位有影響的法律學者，他為推廣這一學派做了大量工作。

許多曾經一度正統的法律經濟學實踐者近年也轉入了行為主義軌道，許多還轉入了所謂實證法學研究的軌道，這一法學派別長期以來與康奈爾大學法學院有聯繫。遵循這一傳統的人企圖通過尖端的數據關聯法追溯不同法律形式的效果。這些效果可以是財富效果，也可以是學者或立法者認為比較突出或有趣的效果。

近年來，實證法學研究已經遍及全世界的法學界。許多擁有廣大讀者的實證法學者們不但是法學家或經濟學家，而且是社會學家、政治家和心理學家。從某種意義上說，事物的發展總是呈現周期性規律，因為所有這些新現象都源於法律現實主義者採用的那種法律研究方法。這些現實主義者與英國那個稱為社會學法學的思想流派定期進行交流。

約翰・奧斯汀 (John Austin)

約翰・奧斯汀的著作廣泛涉及法律和法學哲學。他首創兩個相互關聯的現代法學思想流派 —— 分析法學派和法律實證主義。

奧斯汀出生在薩福克郡的一個商人家庭。他剛步入成年，就到馬耳他和西西里的英國軍隊服役，但很快賣掉了他的軍官委任狀，執意要學法律。1818年，他取得律師資格，之後做了 7 年律師。離開律師界不久，他被任命為現在的新倫敦大學大學學院的第一位法學教授。他能謀得這一職位，邊沁似乎起了很大作用。從 1826 年到 1832 年，奧斯汀一直作為法學教授講授法律課程。其中一門課的筆記以《法理學的範圍》(*The Province of Jurisprudence Determined*) 為題於 1832 年出版，奧斯汀憑此書名聲大噪。

- 1790 年出生於英格蘭薩福克郡，1859年卒於英國倫敦。

- 分析法學派和法律實證主義的早期創始人。

奧斯汀的課出席率似乎並不高，所以他在 1835 年辭去了倫敦大學的教授職位。後來他在內殿律師學院短期執教，但也遭遇了同樣的事。奧斯汀陷入一陣陣的抑鬱和瘋狂的自貶中，寫作能力受阻。他的妻子薩拉 (Sarah) 是一位成功的作家和翻譯家，在二人晚年時，全靠薩拉賺錢支撐着全家。在奧斯汀去世後，她還竭力維護丈夫的名譽。

奧斯汀的名氣主要來自他在《法理學的範圍》裏提出的兩

套理論。第一套理論即所謂分析法學。在奧斯汀之前及之後的許多法學家中，法律理論的主要研究方法是將法律視為一種文化、社會學、政治、經濟和 / 或道德的存在。法律因此被當做社會生活的一個普遍存在特點來研究，也就是說，法律是一套由法庭來支撐的道德、文化、政治和經濟的制度和規範，權利和義務的維護要在法庭上進行，社會生活的秩序和改善也由法庭來組織和完成。相比之下，奧斯汀和他開啟的分析法學強調法律和法律方法本身，不關心其他研究領域，只描述核心法律概念的分析關係，如「法律」、「權利」、「義務」等。

奧斯汀是當代第一位只以這種方法研究法律的法學家。他也有一些追隨者，其中最有名的是赫伯特・哈特（Herbert Lionel Adolphus Hart）。

奧斯汀著作中的第二套理論是現代實證主義法學。奧斯汀用一句俏皮話將這套理論的精髓完美地表達出來：「法律的存在是一回事，其優缺點是另一回事。」這一觀點雖與分析法學派的觀點不同，但也密切相關。兩套理論之間的聯繫在於：二者都把法律看做是自主的，並因此獨立於道德限制。

奧斯汀觀點的核心就是兩個論點：第一，法律是最高統治者頒布的命令並強制執行；第二，最高統治者可能是男性，可能是女性，可能是集體，可能是機構，無論是哪種，服從他們是一種習慣。他對法律這種「自上而下」的看法與對英國普通法的傳統理解有些相左。傳統的理解是，自由英國人的法律是用理性寫成的文字，是智慧的法官在按照原則解決糾紛的過程中長時間積累下來的司法實踐本身。

道德哲學派創始人

魯道夫・馮・耶林
(Rudolf von Jhering)

有觀點認為 19 世紀的法學由兩個人各領風騷，薩維尼獨
領前 50 年，耶林獨領後 50 年。耶林開啟了法學的道德
哲學研究之路，有意與薩維尼的歷史研究方法唱對台戲。

- 1818 年出生於漢諾威奧利奇，1892 年卒於普魯士哥廷根。

- 歐洲法學道德哲學派創始人，與薩維尼歷史學派對立。

耶林於 1836 年開始在海德堡大學學習，同時也在哥廷根大學、慕尼黑大學和柏林大學學習。他於 1844 年獲得法學博士學位後，開始在柏林大學任教，講授他所謂的「羅馬法精神」，後來成為法學教授，先後在巴塞爾 (1845 年起)、羅斯托克 (1846 年起) 和基爾 (1849 年起) 短期執教，最後，在吉森 (1851 年起) 執教，時間最長。

耶林剛步入青年時代時，德國法學正在薩維尼和他的歷史學派統治之下。耶林故意與薩維尼的歷史主義唱對台戲，將自己的研究方法標榜為一種「自然法學」形式，一種對自然法理論「科學的」現代闡釋。基於這種理解，法律是使社會變得更加公正的一種手段。

耶林著有里程碑式的著作《羅馬法不同發展階段的精神》(*The Spirit of Roman Law at Various Stages of its Development*)，這是他法學思想的經典表達。這部著作從 1852 年到 1865 年之間相繼出版。這部書使他成為當代羅馬法的頂級專家，當時，羅馬法在德國法學裏仍具影響力。耶林同當時德國許多

法學家一樣，認為羅馬法是提倡法律本質和功能綜觀論的典型手段。

1868 年，耶林接受維也納大學的聘請，擔任羅馬法教授。很多奧地利文化界、科學界和政壇名流以及學生前去聽課。由於他在教學上的精彩表現，奧匈皇帝弗朗茨・約瑟夫一世（Franz Joseph I）於 1872 年授予他貴族頭銜。

耶林在維也納大學講授的一門課程後來出版成書並成為名著，這就是 1872 年出版的《為權利而鬥爭》(Battle for Right)。在不到兩年時間內，該書出版了 12 個不同版本，被翻譯成 20 多種語言。繼這部書出版後不久，耶林又出版了同樣著名的兩卷本《法律：實現目的的手段》(The Purpose of the Law)。在兩部著作中，耶林針對司法權力和個人權利、法律在維護這些權利時所起的作用以及公民維護這些權利的義務做了雄辯的論證，字字句句擲地有聲。

耶林在獲得貴族頭銜後不久，便回到哥廷根成了一名教授，他似乎很喜歡這個古老大學城相對寧靜的環境。晚年時，他也作為一名法學學術專家在萊比錫大學和海德堡大學短期訪教。

如果說耶林只關心諱莫如深的高深理論和基本權利，這種說法顯然有失公允。他有一部十分通俗的作品出版於 1870 年，書名叫《日常生活法學》(Jurisprudence of Quotidien Life)。或許是因為他對普通人生活的熱衷，他被認為是超級活躍和友好的人。在他居住過的每一個城市，他都曾在自己的居所裏招待過很多客人。1872 年，耶林在他鍾愛的哥廷根去世，享年 74 歲。

法律形式主義、法律現實主義和批評法學研究

法學理論家之間令人敬重的一次爭論涉及這樣一個問題：法律在何種程度上可以被合理描述為一種自發的知識表徵、有自己完備的公理和推理方法，使案件的結果在效果上等同於必然的定理？

　　歷史上有些人認為法律多少具有自發性，他們實際上把法律研究視為「純」科學，把案件審理視為「應用」科學。在這種意義上，這些思想家似乎將案件的結果看做註定要發生的。也就是說，已知有某種法律，該法律有自己的概念和假設，同時有法律運用的事實對象，那麼，若法律在這個事實對象上運用適當，我們事先就會知道法官會如何判決。如果一個人持有這種觀點，這個人就被經典地稱為法律形式主義者（常帶有貶義）。法律的這種形式決定了案件的結果。

　　這種形式主義思想與認為法律的「字面意義」不同於法律的「精神」這一思想有異曲同工之妙。的確，中國古代曾有一個學派法家學派，該學派受無神論貴族韓非和其他擁護無限國權的人的著作啟發，用不摻雜個人情緒的複雜形式主義論斷自覺捍衛法學的嚴格字面意義。

　　正如堅持法律字面意義的做法遭到法律精神捍衛者的詆毀一樣，法律形式主義在歷史上也遭到一些人的詬病，這些

詬病對形式主義影響至深。前面提到的韓非和他的法家學派遭到墨子及其追隨者的嚴厲批評。墨子認為，真正的治國原則應當是平等和博愛，應與以人道為動力的天道相一致；法律藉人道而行。當代最有名的形式主義批評家首先是 20 世紀 20 — 40 年代所謂法律現實主義和社會學法學運動的代表，其次是 20 世紀 70 — 90 年代批評法學研究運動的代表。

現實主義者和社會學家的工作重心在於揭示司法判決中存在的一個悖論。儘管他們想把同樣的規則、準則和推理形式運用到法律相似的事實情況上，但現實主義者注意到，法官往往做出完全相反的判決。這種現象產生的原因與法律無關，但與政治有關。因此，這些思想家得出結論：「現實地」說，司法判決「以結果為導向」。

現實主義者和社會學家對 20 世紀的美英法律思想產生了重大影響。相比之下，批評法學研究運動在司法或行政上基本沒起甚麼作用，不過哈佛大學法學院的羅伯托・昂格爾（Roberto Unger）是一個明顯的例外，他大概是最有影響力的所謂批評家，現在巴西擔任政府部長。這些批評家與現實主義者相反，他們在歷史上不太關心法官如何下意識地受感知結果的驅動，也不太關心如何詮釋和運用可變通的法律，反而更關心法律該如何為強大的社會階級利益服務。

小奧利弗・溫德爾・霍姆斯

(Oliver Wendell Holmes Jr.)

如果有人要我們想象美國最高法院的總體形象，大多數人大概會想象出一個酷似小奧利弗・溫德爾・霍姆斯的人。他蓬亂的白髮、濃密的鬍鬚、睿智的談吐和文章使他成為人們心目中的偶像人物。然而，他對現代法的影響遠遠超過他的偶像性。

- 1841 年出生於美國馬薩諸塞州的波士頓，1935 年卒於美國華盛頓特區。

- 美國有影響的法官和法學理論家。

霍姆斯於 1841 年出生在波士頓的一個望族家庭。他就讀於哈佛大學，一畢業就應徵入伍，加入了內戰時的北方部隊。有人認為，內戰期間他的所見所聞對他產生了極大影響，所以他後來一直堅信政府和法律植根於暴力。當然，他後期的法律觀點在很多方面具有實證主義傾向。

內戰結束後，霍姆斯回到哈佛大學學習法律，並在 1866 年取得律師資格。他成為波士頓的知名律師，業餘時間還研究法學歷史。維多利亞統治後期，他的大部分時間在倫敦度過。他一生中的親密朋友大多數是在那裏結交的。他成為英國法學社會學學派的創始人之一，這一學派給美國法律現實主義學派提供了一些靈感。

1881 年，霍姆斯出版了他那部有影響力的專著《普通法》（*The Common Law*），這部著作至今仍被法律學者廣泛閱讀和討論。該書預見性地提出了法律現實主義學派，聲稱實用工

具主義是多數司法決定的真正基礎。該書認為，法律現實主義學派存在的前提是：法官為了使自己的意見合理化，必須選擇法律依據，而法律依據的選擇要以法律本身以外的「含混大前提」為基礎。

《普通法》出版後的第二年，霍姆斯被任命為哈佛大學法學教授和馬薩諸塞州最高法院法官。他最出色的表現正出現在他當法官的時候。在做法官期間，他制定了一部完整的言論自由普通法和一部合同法，該法案以承認勞工的集體討價還價權而著稱。

1902 年，霍姆斯被任命到美國最高法院任職。在這裏，他因擁護第一部言論自由法修正案和聯邦政府調節經濟的憲法權威而聲名大噪。然而，他在天賦正義或「自由之獅」的問題上態度含混不清。在著名的「伊利案件」(Erie) 中，他氣急敗壞地將自然法詆譭為「陰森森地瀰漫在空中，無所不在」，在「巴克訴貝爾」(*Buck v. Bell*, 1927) 一案中，他欣然擁護弗吉尼亞州強制性絕育法（「……三代低能兒已經夠多的」），這兩個案子使人們相信，他在美國內戰中的經歷也有負面作用。

> 我們應永遠警惕那些限制我們言論自由的行為。
> ——小奧利弗·溫德爾·霍姆斯

然而，霍姆斯在美國最高法院工作的後期，做了一次題為「法律道路」的公開課，這成為 20 世紀 20 年代進步法律現實主義者的一般性宣言。1932 年，他離開最高法院，當時他已年屆 90，是美國歷史上最高齡的在任法官，無疑也是美國司法界最有名的大人物。

馬克斯·韋伯 (Max Weber)

馬克斯·韋伯不僅是一個法學家，還是有史以來最有影響力且研究領域最為廣泛的社會理論家。他被公認為現代社會學和現代國家行政管理研究的創始人和奠基人之一。

韋伯出生在一個政治文化氛圍相當濃厚的家庭，是家裏七個孩子中的長子。許多知名學者和公眾人物都常去他家造訪。年幼的韋伯在這種家庭環境中耳濡目染，十來歲就寫出了關於歷史、哲學和文化主題的論文。

- 1864 年出生於普魯士埃爾福特，1920 年卒於德國慕尼黑。

- 研究法律與社會、文化和經濟因素相互作用的開拓者，即開闢了社會學研究。

1882 年，韋伯進入了海德堡大學，就讀法律系。除了法律學習外，年輕的韋伯也學習神學、哲學、歷史學和經濟學。1884 年，韋伯就讀於柏林大學。那時，柏林是整個歐洲知識分子的聚集地，也是文化生活中心。韋伯熱愛學習研究，在擔當大律師期間仍繼續研究深造，於 1889 年獲得法學博士學位。1891 年，韋伯出版了他的教授資格論文——用德語寫的博士後論文，也因此成為德國大學教育體系中的一名教授。此時，他也開始涉足德國政治和經濟政策。

1893 年，韋伯和瑪麗安娜·施尼特格爾 (Marianne Schnitger) 結婚。他的妻子後來成為一名著名的女權主義作家。結婚後一年，兩人搬到弗萊堡。韋伯在那裏獲聘為弗萊堡大學經濟學教授。兩年後，韋伯又受聘為母校海德堡大學的經濟學教授。

19 世紀 90 年代，韋伯著作頗豐。但自從他父親去世之後，他就患上了精神抑鬱症。因為在父親去世前不久，他與父親發生了激烈爭吵，還沒來得及和解，使他抱憾終生。

在 19 世紀末 20 世紀初，韋伯辭去了教授職務，擔任一家著名刊物的主編，此刊物名為《社會學和社會福利檔案》。1904 年，韋伯在這本刊物上發表了他畢生最知名的作品《新教倫理與資本主義精神》（*The Protestant Ethic and the Spirit of Capitalism*）。這部書為後來的許多研究奠定了基礎，這些研究主要針對文化和宗教對經濟體系和法律形成的影響。

在第一次世界大戰爆發以前，韋伯再一次參與了德國政治。在戰爭期間，他多次擔任德國政府委員會的成員，負責戰後工作部署。

在一戰結束後不久，韋伯成為德國休戰委員會的成員，參與了凡爾賽條約的簽訂，並且參與了魏瑪共和國憲法的起草。他也偶爾參與教學和研究，並和以前一樣，繼續出版作品。1920 年，他患上了西班牙流感，因患肺炎而身亡。

韋伯的許多著作在他死後才發表。在他提出的眾多理論中，其中一個理論提出，現代國家正在朝他稱之為「官僚理性化」的方向發展。根據這一理論，現代政府的標誌是：政府的職能越來越靠由專家和「技術貴族」組成的行政和管理部門來執行。這個理論還為現代行政法律和程序奠定了基礎。

韋伯將法律、經濟、社會和文化因素全部融合在一起，發展了一套完整、全面的社會體系，這套體系專為法學研究的跨學科模式而設計。自 20 世紀中期以來，法學的跨學科研究一直主導着全世界的法學界。

漢斯・凱爾森 (Hans Kelsen)

漢斯・凱爾森之於現代歐洲大陸法學就如同赫伯特・哈特 (Herbert Hart) 之於現代英語國家的法學。然而，凱爾森對包括憲法法庭和聯合國在內的功能性機構產生的影響比其他法律哲學家或許更為深遠。

- 1881 年出生於奧匈帝國的布拉格，1973 年卒於美國加利福尼亞州的伯克利。

- 有影響力的歐洲法律哲學家，創建了現代法律實證主義和憲法復議學說，至今仍被許多歐洲大陸法庭採用。

漢斯・凱爾森之於現代歐洲大陸法學就如同赫伯特・哈特之於現代英語國家的法學。然而，對於包括憲法法庭和聯合國在內的功能性機構，凱爾森產生的影響或許比其他法律哲學家更為深遠。

第一次世界大戰期間，凱爾森任奧匈戰爭部長的法律顧問。戰爭結束後，他於 1919 年在維也納成為公法和行政法的教授。他培養了一代對後世很有影響力的法學理論家，創辦並編輯了著名的《公法雜誌》(Journal of Public Law)，並在 1920 年協助編寫了戰後奧地利的新憲法。至今，奧地利的憲法仍以這一文件為基礎。1921 年，凱爾森開始在奧地利憲法法院任職，直至去世。

20 世紀 20 年代，奧地利右翼政黨和激進組織勢力高漲。憲法法院做出的一些決定激起了保守勢力的憤怒，導致凱爾森於 1930 年從法院下台。凱爾森繼而接受了德國科隆大學提供的教授職位，在那裏，他開始將全部精力集中於實證國際法上。由於國家社會黨 1932 年上台執政，他的這一職位並沒能夠長久。

1933 年，凱爾森再一次被激進組織趕走，後來搬到了日內瓦。他在忙於其他事務的同時，還在國際法研究生院進行寫作並教授法學。同時，他也是德國布拉格大學的教授，任期一直延續到德國合併為止。1934 年，他出版了最有影響力的專著《純粹法理論》(*Pure Theory of Law*)。

凱爾森於 1940 年搬到美國，在哈佛大學法學院擔任客座研究員。同年，他在加利福尼亞大學伯克利分校擔任訪問教授。從 1945 年到 1952 年退休，凱爾森一直在伯克利擔任教授。在那幾年中，他出版了許多在法律理論和國際法方面有影響的著作。凱爾森也曾擔任過華盛頓聯合國戰爭委員會的法律顧問，並協助 1945 年紐倫堡審判的準備工作。

凱爾森精心提出的法律實證主義在現代法律哲學家當中一直都有很大影響。他理論的核心是「基本規範」(Grundnorm) 這一概念，法律體系的所有特徵最終都建立在這個原則的基礎之上。

從立憲主義的角度來看，凱爾森提出的違憲審查制度具有決定性作用，這點已在歐洲得到證明。我們應依據這個制度，成立專門的憲法法院來審查立法，以使立法與政體的基本法相一致。在大多數歐洲大陸的司法實踐中，這是審查憲法的主要形式。相比之下，在普通法的司法實踐中，普通法庭審理憲法案件和審理其他案件的方式是一樣的。

在國際法方面，成立聯合國等全球組織的早期概念也要歸功於凱爾森。因此，他成為律師當中相對罕見的人。他既是一位影響國內、國際組織建立和形成的法官，又是一位公認的、對法律和政治理念做出過傑出貢獻的人。

司法、法律和衡平法

困擾法律制度的一個永恆問題是：在處理某些特殊的法律案件或民事糾紛時，法律的「字面意義」和可感「精神」之間有時會出現明顯的分歧。

理論上，這種分歧並不存在，因為法律能夠適當理解並適當表達促使法律首先得以通過的理想或目的。然而，偶爾會出現一部法令編寫不當或起草人卻沒有預見相關條款在一系列情形下都能適用的情況。這兩種情況都可能導致似乎不正常的結果或人所不欲的後果。在這種情況下，人們認為，維護法律的一方（主要是法庭）應該維護法律的可感「精神」，即背後的實際意圖，而不是維護法律的字面意義。用英美術語說，這種做法叫執行「衡平」（Equity）。

「衡平」這一術語源自公平或天賦正義的思想。這個概念之所以在這裏適用，是因為它有一個合理的前提，即法律的精神或目的一般來說是伸張正義，或者說，在任何情況下都不去創造非正義。

衡平的法律制度源於英國的司法實踐。王座法庭維護的普通法發展較慢，與現在相比十分死板，在中世紀時尤其如此。在這種情況下，法律的字面意義與法律精神出現明顯分歧的情況就變得司空見慣，這並不令人驚訝。出現分歧時，請願人往往尋求國王的干預。國王通常會通過大法官進行干預。快到近代的時候，大法官仍是受教會法和羅馬法傳統教

育的牧師。教會法規和羅馬法都有健全的司法理論，這一點在衡平法裏有所體現。根據衡平法，大法官法庭會將某些普通法做出的裁定視為不公正裁定而擱置起來。

由於制度存在分歧，即王座法庭實行普通法，大法官法庭實行衡平法，因此，法律的字面意義和法律精神的分歧也就被描述為法律和衡平的分歧。然而，巧合的是，大法官法庭與國王或行政權（不同於司法權）的聯繫有時會引發三權分立。最後，各個衡平法法庭都被有效納入了與普通法法庭一樣的司法管理體系。

衡平法的永久遺產主要以兩種廣義的形式出現。第一，「衡平」這個詞作為一個法律術語，旨在使法庭有目的地使用法律條款，着眼於條款的法律精神，而不是條款語言的嚴格字面意義，因為字面意義隨着時間的推移可能會引起歧義；更重要的是第二點：衡平法庭創立的許多理論和程序至今在法庭上仍有影響。比如，當今法庭提供的大多數指令性法律援助形式都源於衡平法學。這意味着法律基本上可以被看做由法庭實施的正義。

在美國一些州的司法體系裏仍保留個別衡平法庭或部門。在英國、美國以及其他英國法系的法律體系中，公司法、家庭法和遺囑法的許多內容都源自衡平法，而美國程序法的許多內容都是從大法官法庭創造的簡化司法程序改編而來。

遺囑法

（Testamentary law）：
涉及遺囑、託管和繼承的法律。

海伯特·里昂尼·阿多夫·哈特 (Herbert Lionel Adolphus Hart)

哈特在復興法律實證主義和法律哲學中採用了 20 世紀 5060 年代在牛津大學流行的「日常語言哲學」觀點，因此廣為世人所知，然而，他的貢獻帶給他的聲譽卻不止於此。

● 1907 年出生於英國切爾滕納姆，1992年卒於英國牛津。

● 為英語國家引入了分析法學。

哈特在大法官法庭任大律師之前，於 1932 年到 1940 年在牛津大學新學院就讀。二戰時，他在軍情五處任職，之後又獲得了牛津新學院設立的哲學獎學金。1952 年，他被選拔為牛津大學法理學教授，1969 年前一直擔任此職務。

哈特最有名的作品《法律的概念》(The Concept of Law, 1961) 有力回應了吉爾伯特·賴爾的《心智的概念》(The Concept of Mind, 1949)。賴爾的這部著作是牛津「日常語言」哲學院中相當權威的作品，該學院以方法論而聞名。這部作品的指導思想是：為了清晰闡釋某個與哲學相關的問題，首先應研究這個問題所屬領域的主要術語在自然環境和日常語言中如何運用。對哈特來說，這些術語包括「法律」、「規則」、「規範」、「義務」等。

哈特的研究成果在於他能夠賦予舊思想以新的形式，即「法律實證主義」。根據英國法學家傑里米·邊沁和約翰·奧斯汀早期的實證主義觀點，法律就是一個習慣性服從主權

的命令，而且這個主權是靠強制力支撐的。在哈特生活的年代，法律的這種殘忍性大大損害了實證主義作為一種可行法律哲學在以英語為母語的地區的地位。

哈特在幾個重要方面對實證主義的理解做了完善。首先，他闡明並強調了產生法律規範的多種途徑。他指出，法律的存在和運作比人們之前認可的命令理論更加廣泛多變。哈特把他對法律實際運作的實驗性研究稱作「描述性社會學」。

其次，他提醒人們要注意「首要」規則和「次要」規則的區別。前者是人類社會中約束人們行為的規則，後者則是約束「首要」規則本身頒布、修正、廢除等的規則。他指出，完善的法律體系應該包含這兩個方面的規則。

和「次要」規則相關的是哈特「認知規則」的觀點，即人們可以確信那些被稱為「首要」規則的法律都具有法律效力，而規範則沒有法律效力。哈特的這個觀點在法律和其他規範之間建立了聯繫，尤其是與道德規範方面著作的關係。在這些著作中，儘管他已認識到法律和這些規範是同源的，但仍做了詳盡的區分。

最後，哈特不僅完善了實證主義，他對刑事責任理論和因果關係理論的貢獻也是承前啟後的。他的成就為那些在英語國家盛行的法律哲學和法律主體賦予了新的生命。哈特、富勒（Lon L. Fuller）和德沃金三人在法理學方面的激烈論戰從 20 世紀 60 年代開始，一直延續至今。

朗·L.富勒 (Lon L. Fuller)

如果不從實質上看，單從歷史角度來看，朗·L.富勒在當代自然法理論的地位完全可以同哈特的法律實證主義相媲美。同時，富勒是羅納德·德沃金的教授和前輩，對德沃金的影響很大。

- 1902 年出生於美國印地安那州的首府印第安納波利斯，1978 年卒於美國馬薩諸塞州的劍橋。

- 對當代自然法理論的發展發揮了促進和決定性的作用。

富勒在哈佛大學當了幾十年的法律教授。他任教期間教的很多學生後來也成為法律界很有影響力的學者。同時，他對契約法的貢獻意義深遠。然而，他對法律思想影響最大的作品無疑要數他的著作《法的道德性》(*The Mortality of Law*, 1964)和他與哈特在《哈佛法律評論》上的著名交鋒。

在英美法系中，自然法學的研究方法在 19 世紀後期和 20 世紀初期慢慢過時。實際上，法律哲學思維本身在英語國家也開始變得尤為罕見。這種情況下，哈特的著作《法律的概念》成了一個轉折點。這本著作不僅賦予法律哲學新的活力，而且再次對法律實證主義的理論研究方法進行了強有力地闡述。人們故意將富勒的《法的道德性》與哈特的《法律的概念》進行對照，不過哈特的著作要比富勒的著作早上三年。

富勒認為，那些假定的法律條款（被認為的確是法律）必須合乎一定的規則標準或滿足一定的程序標準，例如，必須相互一致且效果可以預期。看待這些標準的一種方法就是

將它們看做是要勾勒出一個法規概念的輪廓。法律體系有一個特別關鍵的作用，即能使人們安排自己的生活，並按照自己的計劃正常進行生活。因此，富勒認為，列舉這些具有代表性的具體標準，就相當於對法律內部及形式進行解釋，也是對法律本身道德標準的說明。從定義角度來看，與這個標準不一致的法律條款不能被當做法律實施，因此也就不能被稱為法律。它們也很容易因不公平而遭到公民的普遍拒絕。

哈特聲稱，富勒將道德與效力混淆了，因為即使是自相矛盾的法律，也能構成一個與富勒準則相一致的體系，例如德國國家社會主義的法律。富勒對此提出反駁，但他並未進行詳盡而全面的論述。他指出，將法律體系進行有效的表述並不意味着必須損害道德觀念。如果德國國家社會主義宣揚和強制執行偽法律條款，就會變得更加不道德。這些偽法律條款包括，追溯可適用的法律規則、私自為法律條款命名、要求人們去做根本不能實現的事、使用人們都無法理解的語言等等。

> 既然完美是一個難以達到的目標，那麼要辨別出公然的不雅就不是一件難事。
> ——朗·L.富勒

富勒對哈特的反駁可以概括如下：法律完全可能實質上不道德但程序上公平，但這種可能性不能用來反駁這樣一種觀點，即程序上公平的法律至少從程序角度來看是道德的。法律體系的不道德性不只體現在一個方面，因此它所受到的無效力控訴也就不止一種。對於這個爭論，德沃金和菲尼斯都從不同角度進行了闡述。其中，德沃金既是富勒的學生，也是哈特的弟子，菲尼斯則是德沃金和哈特在牛津大學的同事。

約翰 · 羅爾斯 (John Rawls)

嚴格地説，約翰 · 羅爾斯不能被稱為一個法學家。然而，由於他在政治哲學的殿堂中高高佇立，令人仰視，因此，他的理論著作經常被法庭和一些英語國家引用，甚至被更多國家的政治人物引用。

● 1921 年出生於美國馬里蘭州巴爾的摩市，2002 年卒於美國馬薩諸塞州列剋星敦。

● 20 世紀最有影響力的正義理論家和政治哲學家。

羅爾斯於 1943 年在普林斯頓大學獲取碩士學位。畢業時正當二戰爆發之際，他應徵入伍，加入了美國軍隊。1945 年，他親眼目睹了廣島爆炸之後的悲慘後果，這對他產生了很大影響。1946 年，他重返母校普林斯頓大學，攻讀倫理學博士學位，並於 1950 年獲得該學位，然後留在母校教書。1952 年，他在牛津大學基督教會學院開始了對富布賴特協會的研究。在這裏，以賽亞 · 伯林（Isaiah Berlin）和海伯特 · 哈特都對他產生了很大影響。

羅爾斯回到美國後，首先得到一份助教的工作，隨後晉升為副教授，最終成了美國康乃爾大學的正教授，這所學校位於紐約伊薩卡島上。1962 年，他被麻省理工大學聘用為長期教授。兩年之後，他又成為哈佛大學教授。哈佛大學與麻省理工大學同處於馬薩諸塞州的劍橋。在羅爾斯生命中剩餘的 38 年裏，他一直任教於哈佛大學。他培養的許多學生都成了現代法律、道德和政治哲學方面的重要人物。

1971 年，《正義論》（*A Theory of Justice*）這部劃時代巨著

一經出版，羅爾斯就成了震驚美國和世界的政治哲學領軍人物。在這本書中，羅爾斯重新使用契約論，用它來論證政治與經濟的正義性，反對長期以來統治所有英語國家哲學思想的功利主義。羅爾斯的主要觀點是：在「無知面紗」的背後隱藏着一種自負決定方法論。也就是說，公平的社會組織原則應該是理性主體通過精心思考精選出來的原則，只有通過精心思考，理性主體才能瞭解他們在現實世界中將為何人勞作。

羅爾斯稱，這個掩藏在「無知面紗」背後的主體會按個人意志將正義原則分為兩類：第一類是自由優先原則，要求不能將公民的基本權利和各種政治權利同物質享受進行交換。第二類是差別原則，就是物質待遇必將不均，這種不均等待遇的存在是為優化那些已經被惡化的物質條件。

羅爾斯之後的許多政治思想家都對他關於正義的解釋提出了質疑。他們似乎都認同這樣一個事實：是羅爾斯恢復了傳統契約論的生氣，打開了以基本權利為根基的政治正義理念領域。因此，人們也將功利主義看成是通往正義和政治哲學的主要途徑。直至今天，他對基本人權的呼籲仍具有深遠影響。

> **契約論**（Contractarian）：
> 契約論是一個政治理論，認為政府的權力來自被統治者的認可。這種認可的形式和內容必須以合同或協議為基礎。同時，它還是一個道德理論，認為道德規範是從一個假定的社會契約中獲得規範性的力量，而不是從神之意旨或其他途徑獲得。

除上述成就外，羅爾斯在其他領域也有着突出貢獻。他的《萬民法》（*Law of Peoples*, 2000）被認為是對全球正義最恰當的表述，因此被頻頻引用，甚至還被納入國際法條例。他的《政治自由主義》（*Political Liberalism*, 1993）也是對公共理性教條最有影響力的表述。

羅納德・德沃金

（Ronald M. Dworkin）

在所有講英語的國家裏，羅納德・德沃金是目前還健在的最有影響力的法律哲學家之一。他也是繼約翰・羅爾斯之後最有影響力的社會正義理論家之一。

- 1931 年出生於馬薩諸塞州的伍斯特。

- 在實證主義、自然法和資源均分主義之間發展了具有很大影響力的法學第三條路。

德沃金在紐約市享有盛譽的蘇利文・克倫威爾律師事務所做過短期職業律師，此後他開始在美國耶魯大學任教。1969 年，他繼任海伯特・哈特的職位，被任命為牛津大學法學院院長。20 世紀 70 年代，他同時兼任紐約大學法學教授和哲學教授，這兩個教職他擔任至今。到 20 世紀 80 年代早期，他已成為世界上最受關注的政治法律哲學家之一。

德沃金之所以極有影響力，大概是因為他在法律哲學方面的建樹以及他在資源均分理論中對分配公正所做的闡述。

德沃金對法律的描述可被看做是在實證主義者和自然主義者對法律的描述之間設計出的第三條路。實證主義法學家強調將主權者的背景作為標準，此標準決定假設的規範是否可被視為真正具有約束力的法律。相反，自然主義者認為，主權者政治倫理的合法性，甚至主權者頒布新法律的政治倫理合法性，在決定一個命令是否可被視為真正的法律義務時至關重要。德沃金的描述與這兩種觀點稍有偏差，讓人

很難草率歸類。但是在 1986 年的著作《法律帝國》(*Law's Empire*) 中，德沃金對法律進行了全面的描述。

一方面，德沃金將法律理論理解為法官如何斷案的理論。對先前頒布的法令和法庭判決中可以找到的先例，法官們必須加以利用。這些先例可以被稱為「實證」，它們是實證主義者理應關注的。

另一方面，法官必須運用法律實證所反映的標準。而運用法律條款或者先前法庭判決本身就是一種解釋性的做法。有鑒於此，這個問題就變成：甚麼樣的約束力能指導法官進行解釋？

德沃金強調兩種約束力的作用。第一種是「解釋最符合道德標準」的約束力。他認為法律的意義在於：實現與一個政治群體及其成員的利益相一致的目標，這些成員在道德標準上可被看做是平等的。所以，法官的任務是，依照有關該政治群體利益最有說服力的觀點解釋具體的法律條款，而這些條款可以被合理地視為能推進該群體的發展。在這種意義上，德沃金的描述是自然主義的觀點。

而在另一方面，他認為在可能最符合道德標準的解釋中，法官必須挑選那些緊密依賴於先前判決的解釋。正如前文所述，那些解釋等同於「實證」。在這種意義上，他的描述是實證主義的觀點。

德沃金在實證主義和自然主義之間走鋼絲的嘗試是新穎的。有些人對他持有不信服的態度，但大多數人似乎認為如果連他都沒有獲得成功，那麼無人能成功。

約翰・菲尼斯 (John Finnis)

當今自然法理論之所以如此盛行，主要還應歸功於約翰・菲尼斯。自 1980 年以來，幾乎這個領域的所有作品都是對他劃時代著作《自然法與自然權利》(*Nature Law and Natural Rights*) 的詳盡解釋。這使得菲尼斯成為與哈特、德沃金及拉茲 (Raz) 齊名的當代英美法律哲學四大領袖人物之一。

- 1940 年出生於澳大利亞阿德萊德。

- 開創了現代自然法理論，並對其發展具有深遠影響。

菲尼斯出生於澳大利亞，並在此長大。他在安德拉德大學獲得法律碩士學位，並榮獲羅德獎學金。1962 年，他得到機會去牛津大學大學學院繼續深造，獲得了法學博士學位。自那以後，他就一直在牛津大學工作，並成為了牛津大學基督教會學院富布賴特協會的會員。自 1995 年以來，他也擔任美國聖母大學的法學教授。

菲尼斯對法律現象的解釋基於「人善論」。因此，雖然他採取了具有現代英語國家特徵的複雜的概念分析法，但仍與奧斯汀多樣性的分析法學產生了分歧。

通過菲尼斯的理論可以得知：每個存在於人類個體中基本的「善」，都獨立服務於菲尼斯所謂的「人類昌盛」。這些善無法進行比較。即使以獲得更多的善為名，其中一個善也不會與其他的善進行鬥爭。作為人類，我們更應盡的義務就是不要做同「人類的完整實現 —— 即全人類和整個人類社會的繁榮」相違背的事。這些基本觀點都被寫進了著作《道德

倫理的基本原則》(*Fundamentals of Ethics*, 1984)。

菲尼斯對於法律和法律義務的解釋源於他基本的道德理念。因此，各個政府最基本的責任就是拓展和探索前面所提到的「完整的人類實現」，而且，法律被看做是這一探索中必不可少的工具。這使得真正有效的法律受到了形式與實質的束縛。這個形式束縛就是通常所説的「法制」。而實質上，這些束縛與假定存在的法規、原則和其他標準有關。這表明，如果法律標準與「完整的人類實現」不一致，那麼這個法律標準就是不道德的，進而也就不能被稱作是合理有效的法律。

菲尼斯並未斷言説公民沒有義務去遵守那些未通過道德標準檢驗的法律條款，而是説要將作為政府官員所應盡的義務與作為公民所應盡的義務區分開來。政府官員絕對有義務去修正和廢除那些無效法律，因為無效法律這個棘手的問題着實關係到公民的責任和義務。

菲尼斯認為，除非在極端情況下，公民都有道德義務去遵守那些哪怕被驗證是缺乏有效性的法律，因為缺少某些法律會影響一個國家法律體系的完整性。而且，法制本身對於人類繁榮也是一個必不可少的條件。因此，公民和政府官員在面對無效的法律條款時負有同樣義務：他們要確保這些無效的法律條款或被廢除或得以修正。

在極端情況下，比如政府官員的行為在系統地傷害那些服從他們的人，這時，「民眾的反抗」會變成一種道德義務，而不是「服從」。當然，也可能出現很難斷定應該反抗還是服從的情況。

約瑟夫・拉茲 (Joseph Raz)

約瑟夫・拉茲是自他的導師哈特以來最有聲望的法律實證主義大師。其著作內容廣泛且影響深遠。他在法理學、政治哲學、道德等領域頗有建樹，其中包括規範性、價值理論、實踐理性和政治權威等。

拉茲於 1939 年出生在英屬巴勒斯坦託管地。他在耶路撒冷希伯來大學學習法學和法律哲學，並於 1963 年獲得法學碩士學位。他在以色列的一次會議上見過哈特後，就去了牛津大學，師從哈特，研究哲學。1967 年，他在返回希伯來大學之前拿到了自己的博士學位。最初，他在希伯來大學擔任講師，然後慢慢成為資深講師。

1972 年，拉茲成為牛津大學巴利奧爾學院法學研究員和導師，隨後被提名為哲學教授。他和德沃金一起，培養了好幾代傑出的法律、道德和政治哲學家。

拉茲繼承並發展了導師哈特的法律實證主義理論，他不是簡單研究法律標準本身，而是着眼於這些法律標準所被植入的體系。人們總是習慣於將哈特的專著《法律的概念》和拉茲的名著《法律體系的概念》(*Concept of a Legal System*)放在一起，來說明他們理論之間的關係。

當然，哈特在進行法規研究的同時，也研究了這些法規所棲身的法律體系。他對發達法律體系的特點尤其感興趣，

- 1939 年出生於英屬巴勒斯坦託管地。

- 是自哈特以來英語世界最有影響力的法律實證主義哲學家。

法律　　　　　　　　　　　　　社會

上圖：拉茲關於法律實證主義的著作強調法律與社會在概念上彼此獨立，但他仍很小心地指出：負責法律事務的人一定要尊重社會道德原則。

因為借助這些法律體系，某些特定的規則能夠被證明或「公認」具有權威性。拉茲的研究範圍比哈特廣泛一些，因為他還關心一套規範體系所具有的各種特點。鑒於此，拉茲的研究可以被看做既有「系統性」又有純「法律性」。

　　和其他的實證主義者一樣，拉茲也強調法律標準與道德標準在概念上的區別。在他的著作中，這兩種現象在概念上沒有任何相互依賴的關係，也就是說，對於那些致力於建立、維護和改善法律體系的人，在工作中將道德標準考慮在內並不是他們義不容辭的責任。但事實上，從很大程度上來看，拉茲關於法規的一些獨特見解與富勒在《法的道德性》中提出的觀點相輔相成。

　　人們普遍認為，拉茲的近期作品傾向於對實際推理、價值觀和規範性的研究，而不是集中在對法律和法律哲學的研究上。在他的概念裏，法律、道德與其他標準截然不同，但從對實踐行為的指導作用上來看，它們又都是同源同宗的。我們要研究的正是它們之間的區別，而不是相似之處，同時還要研究它們與被植入體系之間的聯繫。

胡果・格勞秀斯 (Hugo Grotius)

人們普遍認為格勞秀斯是現代國際法的鼻祖。他主要以現代早期自然法理論為基礎，來建立和發展現代國際法。格勞秀斯在他那個年代被尊稱為神學家、哲學家、詩人和劇作家。

- 1583 年出生於荷蘭共和國的代夫特，1645 年卒於荷蘭共和國的羅斯托克。

- 現代早期自然法理論家，被稱為國際法之父。

格勞秀斯出生時，荷蘭正發起對西班牙的軍事暴動。格勞秀斯出生於一個文化氛圍相當濃厚的家庭，雙親都是受到過良好教育的傑出人才。在他很小的時候，父親就開始在家裏教他學習亞里士多德的哲學理念和人文主義哲學。格勞秀斯在家庭的薰陶下，11 歲就進入萊頓大學學習，當時的萊頓大學是一些歐洲最著名學者的聚集地。

1598 年，格勞秀斯從萊頓大學畢業後，開始走訪整個歐洲，主要融入外交領域。他第一次去法國是與享有很高聲望的荷蘭政治家卓汗・凡・奧登巴威爾特 (Johan van Oldenbarnevelt) 一起去的，主要目的是完成一項外交使命。據說，在執行任務的過程中，格勞秀斯給法國國王亨利四世 (King Henry IV) 留下了深刻印象。在法國期間，他還榮獲了法國奧爾良大學法學博士學位。

1599 年，格勞秀斯被任命為海牙律師，當時他只有十幾歲。兩年後，他就擔任荷蘭政府要職 —— 編史官。他在1604 年才開始接觸國際法事務，當時正值伊比利亞荷蘭戰爭，荷蘭在新加坡海峽佔領了葡萄牙的「聖卡塔林娜」艦，荷

蘭政府派他前往為荷方辯護。後來，他根據這個案例寫了他的第一部專著。

格勞秀斯在寫完第一部專著《捕獲法》(De Indis)之後，又驚人地創作出很多著作，其中就包括 1609 年的《論海洋自由》(Free Seas)。此書一經發表，就引發了英國海洋法作者們的異議，他們開始與格勞秀斯展開激烈的學術論戰。直到 1625 年格勞秀斯的著作《戰爭與和平法》(The Law of War and Peace)出版之後，他才得以成為今日為眾人所知曉的著名法學家。所謂的文明人在長達 80 年的荷蘭西班牙戰爭中的行為以及天主教與清教之間 30 年之久的戰爭行為，讓格勞秀斯極為震驚。因此，他開始建立一些基本的行為法規，旨在用這些法規來指導一些國家：到底要不要參加戰爭和在戰爭中應如何應戰。

> 在基督教的世裏，我看到了連蠻族都會臉紅的戰爭許可。
> ── 胡果・格勞秀斯
> 《捕獲法》

格勞秀斯在自然法理論中找到了他所追尋的原則，他認為自然法理論就是人性的論點，它與人的國籍無關，與神賜的條例法規無關。他更願意將自然法原理根植於人類自身的本性中。這為後來所有世俗、自然的法律理論樹立了典範。同時，他也為現代國際法的形成和發展打下了堅實基礎，其中包括戰爭法和海洋法。

由於某種未知原因，格勞秀斯在創作這些著作期間，成功獲得了一系列法律和外交職務。他一生大部分時間在瑞士和法國度過。在宗教政治動盪、戰爭頻繁的年代裏，格勞秀斯有時感覺自己惹惱了敵對當權者而陷入困境，這並不足為奇。在他人生的最後幾年，他被禁止踏入故土。1645 年，他在一次沉船事故中喪生，被埋葬於羅斯托克。

達格・哈馬舍爾德
(Dag Hammarskjöld) 與聯合國

秘書長是聯合國的主要職務。許多秘書長後來都成了世界上響噹噹的大人物,但其中最具影響力的還要數達格・哈馬舍爾德。他自 1953 年開始擔任聯合國秘書長一職,直到去世。他在從事和平任務時飛機失事殉難,有人認為這次飛機失事是蓄意製造。

- 1905 年出生於瑞典榮雪平,1961 年卒於羅德西亞北部(現津巴布韋),靠近恩多拉。

- 聯合國第二任秘書長,確立了聯合國的重要地位,幫助解決了諸多國際爭端。

各國齊心合力,共同促進和平合作並使法規全球化,這個想法已不是甚麼具有創意的思想了。不管是古代帝國,還是現代帝國,都想要建立一個和平的世界秩序。許多具有烏托邦思想的法學家和哲學家都曾提出、甚至起草詳細計劃,以建立此種組織機構。

然而,直到第一次世界大戰結束,各個國家才真正開始為建立一個維護集體和平的「永久性全球論壇」而做出努力。他們努力的成果就是 1919 年根據《凡爾賽條約》的宗旨建立的「國際聯盟」。

然而,這個聯盟沒有熬過 20 世紀 30 年代,因為它沒能阻止所謂「軸心國」的崛起,也沒能阻止這些軸心國成員對鄰國的侵略,從而導致了第二次世界大戰的爆發。正是在二戰間,建立「聯合國」的想法才得到了全球認可。

溫斯頓・丘吉爾和富蘭克林・羅斯福於 1942 年開始使

用「同盟國」這個命名。戰時的會議主要以英美為首，再加上前蘇聯、中國等國家。那時，這些國家就已表達了以「同盟國」為名建立一個戰後機構的設想。這個設想發展的最高潮是 1945 年 4 月期間在美國舊金山隆重召開的一系列聯合國會議，正是在那時成立了聯合國。

目前，聯合國有 192 個成員國。從機構分佈上來看，它被分為幾個截然不同的分支。第一個分支機構就是聯合國大會，它是該機構的主要審議機構，所有會員國都派代表出席大會；第二個分支機構是聯合國安理會，主要負責決定和執行安全事務；第三個分支機構是聯合國秘書處，是整個機構辦理行政事務的團體，秘書處的首長是秘書長。

達格・哈馬舍爾德年輕時曾是一名具有驚人天賦的學生。20 世紀 30 年代，他很快成長為一名優秀的法學家和經濟學家，並多次擔任政府職務。1953 年，哈馬舍爾德先生剛擔任聯合國秘書長一職，就將聯合國的機構設置改革為當今這種模式。他還積極走訪全球各個國家和地區，努力防範戰爭的爆發，阻止戰爭的發展。他對美蘇之間的冷戰緩解也起到了決定性作用。

在哈馬舍爾德去世前不久，他被提名為諾貝爾和平獎候選人，而這個獎項在 1961 年他去世後才頒發。他去世後，肯尼迪總統說：「我現在才意識到，與他相比，我是多麼渺小。他是本世紀最偉大的政治家。」自 1961 年以來，幾乎所有廣為人知的聯合國秘書長都有效延續了一條由哈馬舍爾德指明的道路。

約翰・皮特斯・漢弗萊

(John Peters Humphrey)

約翰・皮特斯・漢弗萊是國際人權保護體系發展過程中最具影響力的人物之一。他的影響力不僅涉及人權法律的內容，還涉及執行、維護這些法律的體制結構，為當前健全有力的人權法律體系的形成做出了巨大貢獻。

- 1905 年出生於加拿大新不倫瑞克省的漢普頓，1995 年死於加拿大魁北克省的蒙特利爾市。

- 重要的人權法律師，與埃莉諾・羅斯福共同起草了《世界人權宣言》。

約翰・漢弗萊於 1905 年誕生在加拿大新不倫瑞克省的漢普頓。他在蒙特利爾市的麥吉爾大學獲得了法律學位，在此之前，他先後就讀於新不倫瑞克省的羅撒西學院和阿利森山大學。1929 年，即他 24 歲時，他取得了律師資格證並開始出庭辯護。1936 年，他回到母校麥吉爾大學，擔任法律系的教學工作。

1946 年，漢弗萊被聯合國秘書處人權司任命為人權司司長。同年，他與埃莉諾・羅斯福（Eleanor Roosevelt）起草了今天的聯合國《世界人權宣言》(*Universal Declaration of Human Rights*)。埃莉諾・羅斯福是富蘭克林・羅斯福（Franklin Roosevelt）的妻子。在富蘭克林・羅斯福擔任美國總統期間，她一度是美國社會貧弱者利益的代表者，同時也是一位多產的作家。此外，埃莉諾・羅斯福還為聯合國的建立起了一些推動作用。她還在 1945-1952 年間擔任第一任美國駐聯合國大使。《世

界人權宣言》的起草借鑒了英國和美國的《權利法案》。
1948 年，該宣言由聯合國大會全票通過（出席的 56 個成員
國中，48 票贊成，0 票反對，8 票棄權，另有 2 國代表缺
席），為聯合國所採納。埃莉諾‧羅斯福稱該宣言是「全人
類的國際大憲章」。而埃莉諾‧羅斯福本人也因其在《世
界人權宣言》的起草及通過過程中扮演的重要角色，被約
翰‧漢弗萊及杜魯門總統譽為「世界第一夫人」。

　　《世界人權宣言》並非強制性的國際公約，但此宣言所
列舉的大部分人權還是以法律形式在聯合國的一些具體公約
中被規定下來，主要包括《公民權利和政治權利公約》和《經
濟、社會及文化權利國際公約》。另外，還有很大一部分條
款也被國際慣例法所吸納。

　　漢弗萊前後在聯合國共工作了 20 年。在此期間，他負
責監督國際人權條例及一些新獨立國家的憲法執行情況。20
世紀 90 年代，聯合國建立了人權委員會，但建立人權委員會
的提議要追溯到 20 世紀 60 年代。如今，人權委員會在世界
範圍內人類基本權利的維護工作中起着不可忽視的作用。

　　1966 年，漢弗萊重新回到麥吉爾大學執教。即便如此，
他依然活躍於國內外各種公眾事務中。他參加了許多加拿
大人權組織，還協助聯合國人權委員會調查世界範圍內侵犯
人權的種種行為。漢弗萊榮獲了無數人權方面的榮譽，並在
1974 年被授予「加拿大最高勳章」。此外，在法學專業中，
還有部分課程以他的名字命名，以紀念他對法律界做出的巨
大貢獻。

羅莎琳・希金斯
（Rosalyn Higgins）與國際法院

國際法院，又稱為國際法庭，是聯合國的司法裁決機構，主要功能是依據國際法對各國所提交的案件做出仲裁。羅莎琳・希金斯以傑出的斷案能力而聞名，是國際法院中的第一位女性成員，2006 年以來一直任國際法院院長。

- 1937 年出生於英國倫敦。

- 國際法院第一位女性成員，現任國際法院院長。

伴隨聯合國 1945 年在舊金山宣佈成立，國際法院也宣佈成立。但事實上，國際法院可以溯源到 1922 年國際聯盟在荷蘭海牙成立的國際常設法院。國際法院的主要職權除了對各國提交的案件做出仲裁外，還包括在聯合國大會及聯合國安理會的請求下就突發事件向聯合國提供咨詢性司法建議。此外，國際法院還承擔着審核國際法內容的義務。審核規則是：以相關國際條約、國際慣例為參照，以司法判例和各國權威最高的國際法學家的學說為確定法律規則的輔助手段（以參考優先度排列）。國際法院的訴訟管轄權只對簽署條約的國家生效。未簽署條約的國家也可能因特殊個案遭到國際法院的傳喚。國際法院共有法官 15 人，任期為 9 年。產生原則是：法官人選由常設仲裁院仲裁員組成的國內團體或各國政府專為國際法院選舉而委派的團體提名，由聯合國大會和聯合國安理會確定人選。每三年改選1/3 的法官，即 5 名法官，保留 10 名法官以保證國際法院自

身的穩定性和持續性。國際法院因擁有一批精通國際法的法官而出名。羅莎琳・希金斯便是其中一例。

希金斯於 1937 年出生於英國倫敦。她於 1959 年和 1962 年在劍橋格頓學院先後取得文學學位和法學學位。1965 年，她又在耶魯大學攻讀法學博士。畢業後，她順利成為一名資深大律師以及內殿律師學院資深成員。1986 年，希金斯成為英國王室法律顧問，並於 1995 年被授予「大英帝國二等女爵士」封號。

希金斯不但活躍於律師界，而且是幾所大學的教師，同時還撰寫了若干有關國際法的著作。1995 年，她首次被選為國際法院法官，之後接連獲得了世界性法律方面的榮譽。

國際法庭在成立的前幾十年成功處理過數樁案件，之後，國際法院的法官及其做出的裁決都贏得了世界範圍內的信任和讚譽。到 20 世紀 80 年代，國際法院成為處理國家間衝突的主要途徑，至此世界級的審判制度似乎建立了。當然，這首先要歸功於國際法院自身，其次應歸功於世界各國高等法院之間交流的增多，最後我們也絕不能忘記希金斯法官及戈德斯通（Goldstone）法官等國際法院的法官們，他們使國際法庭名滿世界。

理查德・戈德斯通 (Richard Goldstone) 和國際刑事法庭

國際刑事法庭的成立是國際法發展歷程中的一個里程碑。它只針對個人提起公訴，而不針對國家。南非著名法官理查德・戈德斯通及其他幾位在戰爭罪行審理特別法庭工作的傑出法學家們，為國際刑事法庭的成功建立立下了不可磨滅的功勳。其中，理查德・戈德斯通的貢獻尤為突出。

- 1938 年出生於南非的約翰內斯堡。

- 幫助建立了第一個永久國際法庭，在該法庭上，犯戰爭罪和嚴重侵犯人權的個人會被提起訴訟。

在國際刑事法庭成立之前，對於引發武裝衝突及嚴重違反國際人道主義法行為的個人，一般由具有特設性質的臨時刑事法庭進行審判。這些臨時法庭並沒有公認的統一規則。因此相關的審判記錄、制構記憶或對戰犯審判方面的專門知識及技能也沒有得到有效發揚，同時法律應有的警示作用也沒有得到發揮。這種狀態一直持續到 2002 年。

二戰後，紐倫堡審判和東京審判於 1984 年進行。此後，聯合國大會決定成立一個常設性質的刑事司法機構，專門行使對戰犯的審判職能。它要求國際法委員會（成立於 1948 年）以推動國際法的持續性發展為目的，為常設國際法庭的成立制定一份法律草案。但由於之後國際政治局勢的發展，國際法委員會草擬的法案並沒有付諸實施。

直到 20 世紀 90 年代，前南斯拉夫民族衝突和盧旺達內部武裝衝突爆發，加上前南國際刑事法庭及盧旺達國際刑事法庭對戰犯的審判，才又提高了聯合國及世界各國對建立常設性質的國際刑事法院這一提案的重視。1998 年夏，聯合國大會在羅馬召開國際會議，商討並最終確立了有關國際刑事法庭建立的諸多問題。會後，與會國家於 1998 年 7 月簽訂了《國際刑事法庭羅馬規約》。2002 年，此規約正式生效，生效初期共有 60 個國家的國內立法機關宣佈承認《國際刑事法院羅馬規約》。

　　理查德‧戈德斯通於 1962 年獲得法學學位，之後在約翰內斯堡律師事務所掛職，並開始出庭辯護。1980 年，他被任命為德蘭士瓦最高法院首席法官；20 世紀 90 年代初，他出任南非最高法院法官，任務是詮釋種族隔離廢除後的南非新憲法並監督南非政治民主進程。

　　由於戈德斯通在南非法律界的盛名及其卓越的審判理念和優秀的法學著述，20 世紀 90 年代中期他被任命為聯合國前南國際刑事法庭及盧旺達國際刑事法庭的首席檢察官。戈德斯通現在世界多個大學的法律系任職，主要講授世界人權法律的發展及執行過程，此外他還發表了一些有關人權法律方面的著述，影響頗深。

　　總之，戈德斯通為國際刑事法庭的建立立下了不可磨滅的功勳。在 2003 年，國際刑事法院產生了第一屆 18 名法官。今天，國際刑事法庭已在侵犯人權問題的審理上取得了卓越成就。

約翰・梅納德・凱恩斯 (John Maynard Keynes) 及佈雷頓森林體系

佈雷頓森林體系（Bretton Woods）是二戰後世界各國為加強國家間經濟合作所簽訂的協議及所建立的組織機構的總稱。它包括兩大國際金融機構，即國際貨幣基金組織和世界銀行。約翰・梅納德・凱恩斯是 20 世紀的英國經濟學家，他和美國的亨利・迪克特・懷特（Harry Dexter White）在該體系的建立中發揮了重大作用。

- 1883 年出生於英國劍橋，1946 年卒於英國東塞克斯郡提爾頓。

- 促進建立了有關世界經濟合作和一體化的主要國際組織。

　　二戰末期，人們普遍認為戰前經濟蕭條在很大程度上誘發了戰爭的爆發，而經濟蕭條這個導火索又是由世界各國之間缺乏經濟、金融合作引起的。因此，戰後各國普遍認同有必要建立聯合國，除此以外，還應建立相關組織機構來促進戰後各個國家之間的經濟合作。佈雷頓森林體系及之後發展為世界貿易組織的關貿總協定，便是當時建立的最主要機構。

　　二戰期間，凱恩斯受聘於英國財政部做特別顧問，而懷特則是財政部的一個高級官員。兩人都認為應在各國貿易之間建立起有法律效力的穩定匯率體系，從而避免發生競爭性貨幣貶值。競爭性貨幣貶值曾被認為是 20 世紀 30 年代全球經濟大蕭條的部分誘發因素。同時，他們還認為應建立國際

貨幣借貸體系，以維持國際貨幣體系的穩定和重建戰後經濟。

　　凱恩斯和懷特在二戰中期便開始籌劃建立一系列經濟組織機構。儘管兩人有時會產生分歧，但在 1944 年，他們最終在待建經濟組織機構的功能、設置等大致輪廓上達成了一致。緊接着，在美國新罕布什爾州佈雷頓森林舉行的佈雷頓森林會議上，一大批國家簽署通過了佈雷頓森林體系及關貿總協定。

　　首先，佈雷頓森林體系建立的第一個主要組織機構是國際貨幣基金組織。國際貨幣基金組織最初的使命是在各國貨幣之間實施了一套嚴格的匯率標準；美元與黃金掛鈎，其他國家的貨幣與美元掛鈎。現在，當初嚴格的匯率「評價制度」已不復存在，但世界貨幣基金組織作為一個有力的金融組織得以存在至今，並發揮着重要的國際作用。

> 我們的共同任務是尋求一個為所有國家所接受的貨幣兌換途徑、標準及準則。
>
> ——1944 年約翰‧梅納德‧凱恩斯在佈雷頓森林會議上的演講

　　其次，佈雷頓森林體系建立的第二個組織機構是國際復興與開發銀行，也稱世界銀行。成立之初，國際復興與開發銀行旨在幫助二戰中遭到破壞的歐洲和亞洲，但這個職能很快演變為「雙邊援助」。現在，世界銀行的主要職能是「幫助發展中國家進行投資工程，克服貧困」。

　　世界貨幣基金組織及國際復興與開發銀行均隸屬於聯合國，在協助聯合國及其他組織機構推進民主政治制度的發展及完善各國法制體系方面，發揮着越來越重要的作用。

保平谷口 (Yasuhei Taniguchi)
與世貿組織

世貿組織是當今世界上負責使國際貿易活動規範化、自由化的最主要機構。保平谷口從 2000 年到 2007 年在世界貿易組織工作，為世貿科學決策樹立了法律標準。

- 1938 年出生於日本東京。

- 進全球貿易自由化最主要機構的建立並使之合法化。

如前一章所述，在二戰後期，人們普遍認為競爭性貨幣貶值在很大程度上誘發了 20 世紀 30 年代的國際經濟大蕭條。因此，在戰爭接近尾聲的時候，各國領導人均號召建立一系列自由貿易協定，以促進戰後國際貿易和國際服務業的蓬勃發展，形成各國在經濟上共同繁榮、相互聯繫、相互依賴的局面，進一步維護世界和平。

1947 年的關貿總協定對國家間貿易準則做出了詳細規定。但因各國在貿易組織機構的設置和功能方面存在分歧，所以成立相應組織機構的想法被擱置了近 50 年。從 1947 年到 1995 年間，國際貿易協定一般遵循關貿總協定所制定的原則。這些原則旨在：在成員國之間的貿易和服務活動方面逐漸消除貿易壁壘，減少貿易歧視。成員國還要定期舉行全體會議，目的是更進一步、從更深層次上消除貿易壁壘，共同尋求執行關貿總協定法規的更佳途徑。

在舉行的會議中，最主要的是從 1986 年到 1994 年間在烏拉圭的埃斯特角城舉行的烏拉圭回合談判。正是在烏拉圭

上圖：世貿組織共有 153 個成員國（圖中的深色區域）。歐共體（圖中灰色區域）國家既獨立存在，又作為一個整體存在。

回合談判中，世界貿易組織才最終得以確立。

借助於世界貿易組織條款，成員國可通過類似於審訊的程序向世貿爭議解決委員會對其他國家的貿易歧視行為提出抗議。世貿爭議解決委員的裁決一般為各成員國廣泛接受，但也存在部分反對意見。裁決被廣泛接受的最主要原因便是世貿組織擁有一批優秀的法官，能做出科學合理的裁決。

保平谷口於 1957 年從京都大學獲得了法律學位，1964年獲得紐約康奈爾大學法學博士學位。他曾在京都大學、東京大學、康奈爾大學、哈佛大學、斯坦福大學等諸多著名大學中教授法學和其他課程。退休後，他仍時常在世界各地作報告。如果事實證明在國際貿易自由化、合法化方面，世貿組織將來也會充當如此重要的角色，那麼，保平谷口和他的同僚則將永遠被載入史冊，永遠為世人所銘記。

西庇阿・瓊斯

(Scipio Africanus Jones)

西庇阿・瓊斯出生於 19 世紀 60 年代的美國南部，是反對種族歧視、種族隔離、捍衛公民權利的早期領袖。儘管他出身貧寒、缺乏正規教育且身處充滿種族歧視的年代，但他憑藉崇高的志向和精通的法律知識，克服了重重困難。他取得的重大成就激勵了他同時代及身後一代又一代的法律工作者。

- 1863 年出生於美國阿肯色州的史密斯鎮，1943 年卒於美國阿肯色州的小石城。

- 美國內戰後較早的民權捍衛者。

西庇阿・瓊斯出身貧寒，他的母親傑邁瑪・瓊斯 (Jemmima Jones) 是一名女黑奴，15 歲時便生下了他。幼年時期，瓊斯就讀於實行種族隔離制度的學校，1883 年，他到阿肯色州的首府小石城繼續他的學業。在這裏，他先後就讀於菲蘭德・史密斯學院和貝塞爾大學，並在貝塞爾大學獲得了學士學位。畢業後，他成了一名教師。為了賺取額外收入，他還為小石城的幾個美國聯邦法院法官充當看門人。在此期間，他開始接觸一些法律書籍。此後不久，他變成了美國巡迴法院法官羅伯特・李 (Robert J. Lea) 的陪讀。羅伯特・李賞識瓊斯的天資和毅力，在此期間可以說是充當了瓊斯的私人法律家教。

1889 年，瓊斯成功加入美國律師協會。此後不久，他在普瓦斯基縣（小石城）律師事務所掛名並出庭辯護。隨後，他一步步由阿肯色州高級法院律師事務所律師、聯邦行政區

律師事務所律師、巡迴法院律師事務所律師升至最高法院律師。與此同時，他還成功地在小石城經營了幾樁生意。

瓊斯主要承接非裔美國人的案件，這些案件一般不為有名望的美國白人律師所接受。究其一生，他在刑事案件方面創造了連續勝訴的傑出記錄。其中最有名的要數他為「伊萊恩 12 黑人英雄」所做的辯護。案件牽涉到 12 位參加 1919 年暴動的非裔美國佃農，這些人最初被白人陪審團全部判處死刑。瓊斯為此案件一直上訴到最高法院。據說他的法庭陳詞形成了法庭意見書的核心內容。有人戲稱，瓊斯不是律師，而是「第 10 位法官」。

最後，最高法院依據正當法律程序，推翻了對 12 名黑人被告的原判。緊接着，阿肯色州最高法院撤銷了對其中 6 名被告的指控，而剩餘的 6 名被告被判處 12 年有期徒刑。但瓊斯成功說服阿肯色州州長湯姆斯・麥克里（Thomas McCrea）豁免這 6 名被告。他還為諸多被白人陪審團指控有罪的黑人贏得了訴訟。在當時種族歧視嚴重的政治環境中，這絕對是不小的功績。即便是今天，瓊斯所贏得的那些訴訟仍然很了不起。

瓊斯是孜孜不倦的民權律師的典型代表。艱苦的生活、嚴酷的政治環境非但沒有打倒他，反而最終造就了他卓越的法律才能和過人的智慧。在他之後的諸多著名民權律師，如梅爾文・貝利（Melvin Belli）和約翰尼・科可倫（Johnnie Cochran），都深受他的影響。

> 「伊萊恩 12 黑人英雄」案是美國歷史上最偉大的反服勞役法和暴民法的案件。
>
> ——西庇阿・瓊斯

克拉倫斯・達羅
(Clarence Darrow)

克拉倫斯・達羅可能是現代美國歷史上最著名的出庭律師。儘管達羅的當事人均是些名聲不佳的個人或組織，他卻常能勝訴。

● 1857 年出生於美國俄亥俄州的金斯曼，1938 年卒於美國伊利諾斯州的芝加哥。

● 著名的不得人心案件的辯護律師。

達羅出生於一個政治思想活躍的家庭。達羅的父親艾米魯斯是個積極的廢奴主義者，而他的母親艾米麗是個積極的婦女政權論者。達羅似乎受到了父母的影響。

達羅天資聰穎，比同齡人都早接受教育。他先是從阿勒格尼學院獲得了學士學位，之後又從密歇根大學法學院獲得了法律學位。1878 年，21歲的達羅成為了律師。一開始達羅被戲稱為「鐵路律師」，因為他為一個龐大的鐵路公司做企業法律顧問。不久，他「邁出鐵軌」，但又代表一些工會組織出庭辯護。在 19 世紀末 20 世紀初，達羅的委託人一般都是些名聲不佳甚至臭名昭著的個人或組織。

達羅辯護的第一個著名案子是 1894 年臭名昭著的普爾曼罷工訴訟案。當時他的委託人是美國鐵路聯盟的領袖尤金・德布斯 (Eugene Debs)。同年，他又為帕特里克・普爾曼・普雷德加斯特 (Patrick Eugene Prendergast) 做辯護律師，此人被控謀殺了當時的芝加哥市長卡特・哈里森 (Carter

Harrison）。儘管著名的達羅律師接手了這樁「無恥的」案子並為其做了「無恥的」法庭辯論，但最後帕特里克・普爾曼・普雷德加斯特仍被判處死刑。這是達羅一生中辯護失敗的唯一一樁謀殺案。在其職業生涯中，達羅極力反對死刑，在他看來，死刑是與先進的資本主義政治制度背道而馳的野蠻刑罰。

達羅第二樁著名的案子是麥納馬拉兄弟（MacNamara brothers）訴訟案。麥納馬拉兄弟被控惡意向《洛杉磯時報》大樓投放炸彈，以脅迫該報紙加入工會。最後，達羅達成控辯協議，使他的兩位辯護人免受死刑。在此之後，達羅還受理了被稱為「世紀犯罪」的利奧波德和勒伯案。

> 教育在美國的目的是減少頑固執拗、愚昧無知。
> —— 克拉倫斯・達羅

此後，達羅逐漸傾向於純粹的民權案件，多次接手有關非裔美國人被控犯了死罪的訴訟案件。達羅多次面對由白人組成的陪審團，為他的委託人爭取到完全開釋，這不得不令人驚訝。

達羅最著名的案子也許是 1925 年的約翰・斯科普斯案。約翰・斯科普斯（John T. Scopes）是一名教師，他被控向學生傳輸有違田納西州法律的革命思想。在此案件中，達羅的對手是著名的政治家、前總統候選人威廉・詹寧斯・布萊恩（William Jennings Bryan）。兩人的對決後來被許多文學作品、戲劇作品及電影作品津津樂道。

達羅對不得人心案件的熱衷、積極的政治言論及雄辯的口才使他成為當時的傳奇人物。達羅於 1938 年在芝加哥去世，在他去世之後，他的名氣有增無減。

羅伯特・傑克遜

(Robert Jackson)

羅伯特・傑克遜是最後一位從未受過大學教育的美國最高法院法官。當他還是一名普通的出庭律師時，便展現了與眾不同的特質。進入最高法院後，這一特質也沒有變化。他在擔任最高法院法官期間，取得了巨大成就。

- 1892 年出生於美國賓夕法尼亞州春溪鎮，1954 年卒於美國華盛頓特區。

- 國總檢察官，在紐倫堡審判中主審納粹戰犯。

傑克遜出生在賓夕法尼亞州郊區，隨後又在紐約郊區長大。1909 年，他從紐約弗魯斯堡中學畢業後，便在紐約詹姆斯敦律師事務所當學徒。之後，他在紐約奧爾巴尼法學院完成了兩年的學業，又在紐約詹姆斯敦律師事務所當了一年學徒。1913 年，21 歲的他成為紐約律師事務所的一名律師。

傑克遜最初在詹姆斯敦出庭辯護。由於他傑出的表現，在接下來的 20 年間，他成為紐約律師界的知名人物。到 1934 年，他在全國律師界都赫赫有名。曾擔任紐約州州長的羅斯福總統任命他為美國財政部（即後來的國內稅務局）總顧問，此時的他是聯邦稅務領域舉足輕重的人物。緊接着，傑克遜又被任命為首席檢察官助理，主管司法部稅務司，之後又出任首席檢察官助理，主管司法部反托拉斯司，然後又被任命為美國司法部副部長。這意味着傑克遜要向最高法院闡述羅斯福總統新經濟政策的合憲性。

傑克遜的這一角色非常重要，新經濟政策的支持者——路易斯·布蘭德斯（Louis Brandeis）法官認為傑克遜應當被聘為司法部終身副部長。但羅斯福總統為傑克遜展開了一幅更美好的藍圖。

1940年，傑克遜被任命為美國首席檢察官；1941年又被任命為最高法院法官。在隨後的13年裏，傑克遜因堅決捍衛公民個人自由權利而贏得了廣泛讚譽。同時，他還堅決反對政府對金融過度操縱。他在法庭上的陳詞因氣勢雄偉而時常被人引用。

1945年，杜魯門總統任命傑克遜為紐倫堡審判納粹戰犯方面的美國檢察官。在此期間，傑克遜參與起草了《倫敦國際軍事法庭章程》，為軍事法庭審判戰犯提供了參照；此外，他還審判了包括赫爾曼·戈林（Hermann Goering）在內的納粹首腦。

傑克遜在紐倫堡審判中所做的陳詞和反詰問在許多戲劇和電影中都有體現。可以毫不誇張地說：傑克遜在紐倫堡審判中所體現的公平、公正對2002年國際刑事法庭的建立產生了積極影響。

在這之前被勝利沖昏頭腦現在又傷痕纍纍的四個法西斯國家停止了他們的復仇之手，心甘情願地將他們的戰犯交由法律處置，這充分體現了一權力也要折服於理性。

——紐倫堡審判的〈開庭陳述〉

瑟古德・馬歇爾

(Thurgood Marshall)

瑟古德・馬歇爾是美國著名的最高法院大法官，但更著名的是，他是第一位擔任此職務的非裔美國黑人。他在維護美國憲法賦予非裔美國人的權利方面取得了巨大成就。這些成就曾改變美國人民的生活。

- 1908 年出生於美國馬里蘭州的巴爾的摩，1993 年卒於美國馬里蘭州的貝塞斯達。

- 20 世紀著名民權律師和美國最高法院第一位非裔美國人成員。

馬歇爾的父親威廉・馬歇爾（William Marshall）篤信法治和人權宣言，所以馬歇爾在很小的時候就接觸了憲法。據馬歇爾所說，「朗讀憲法」是父親對他進行責罰的方式。這直接激發了他對憲法的熱愛，並為憲法奉獻了他的一生。

馬歇爾於 1926 年畢業於巴爾的摩的弗雷德里克・道格拉斯（著名的廢奴主義者）中學，之後繼續在賓夕法尼西州林肯大學學習，並於 1930 年獲文學學士學位。之後，馬歇爾向美國馬里蘭大學法學院提出入學申請，但校方以學校不收黑人為由，拒絕了他。馬歇爾轉而進入位於華盛頓特區的霍華德大學法學院進行學習。

1933 年，馬歇爾以全班第一的優秀成績從霍華德大學法學院畢業，在巴爾的摩開始私人執業。同年，他參加了著名的公民權利機構 —— 全國有色人種協進會巴爾的摩分會。兩年後，即 1935 年，他在馬里蘭上訴法庭贏得了第一起訴訟

案件。巧合的是，他的當事人也是一位被馬里蘭大學法學院拒絕的非裔美國學生。

4 年後，即馬歇爾 32 歲時，他第一次在最高法院作為辯護人辯護，並贏得了訴訟。同時，他被任命為全國有色人種協進會的法律顧問。之後，馬歇爾接手了一大批涉及非裔美國黑人權利遭國家訴訟損害的案件，大多數以勝訴告終。其中 32 場由最高法院審理，馬歇爾贏了 29 場，其中最負盛名的便是 1954 年布朗訴托皮卡教育局案，布朗案因宣告種族隔離制度違憲而成為美國歷史上一個里程碑式的決判。

1961 年，肯尼迪總統任命馬歇爾為第二巡迴法院上訴法院的法官，該法院在美國僅次於最高法院。4 年後，約翰遜總統任命馬歇爾為美國司法部副部長，1967 年又任命他為美國最高法院法官。

作為第一位擔任美國最高法院法官的黑人（至今總共有兩位），馬歇爾在隨後的 24 年裏創造了一系列驚人的記錄。在朋友、更多時候是盟友的威廉・布倫南（William Brennan）的幫助下，馬歇爾在維護憲法賦予公民的自由權及平等權方面取得了卓越成就。馬歇爾積極擁護廢除死刑，他和威廉・布倫南在這個方面存在分歧。

由於健康狀況，馬歇爾於 1991 年辭去其在最高法院的職務。1992 年，他被授予自由獎章。美國許多建築物及機構都以馬歇爾為名，以紀念他對美國的重大貢獻。他於 1993 年 1 月去世，去世後被葬在弗吉尼亞州阿靈頓國家公墓，長眠在諸多美國平民英雄之間。

天賦人權和權利法案

天賦人權（Natural Rights）思想的產生、憲法權利法案（*Bills of Rights*）對天賦人權的認可以及天賦人權可以通過正當法律程序得以維護，這三點密切相關。天賦人權與自然法、法制以及司法審查實踐有相似之處。區別在於，天賦人權強調相關規範的受益人為公民個人，而不是作為相關責任主體的政府官員。

　　即使是最高統治者，也要遵守行為的自然秩序，這種思想古來有之，並存在於各種不同的文化之中。然而，直到即將步入現代之時，這種古老守規形式的重心才落到最高統治者和其他統治者身上。規範的主要維護者要麼是神本身，要麼是他們在凡間的通靈代表，如神父、預言家或其他神職人員。後來，比如在 13 世紀的英國，非神職人員（如貴族）也可以實施一項不利於君王的法律，這一思想得到了擁護。然而，這種思想仍然是一個統治機構（在這種情況下是貴族）實施不利於另一個機構（即君主）的特權而已。

　　似乎直到 17 或 18 世紀，法律和政治理論家才系統提出：「人民」——然後是公民個人，是保護自身特權不受政府侵犯的保護者。這一思想在現代早期自然法理論家的著作中佔有顯赫地位，如在蘇亞雷斯（Suarez）、普芬道夫以及格勞秀斯的著作中。這一思想也出現在政治哲學家——尤其是霍布斯、洛克（Locke）和羅素（Rousseau）的「社會契約」

説當中。最初，該思想所呈現的形式是：把憲法的規定描述為統治者與被統治者之間的一個默示契約。在這個階段，幾乎沒有人認為「契約」可能被實際實施。

然而，在司法審查制度下，許多實施方法逐漸發展起來。法制和三權分立也是靠司法審查這一手段得以維護。司法審查維護天賦人權，反對政府權威，在大多數現代司法體制中，它採取的形式是：公開個人或團體向立法機構或法庭提起禁止令訴訟或損失訴訟（或兼而有之）的訴訟原因。在大多數這樣的案例中，起調節作用的司法手段就是權利法案，這些《權利法案》本身也是成文《憲法》的一部分。

第一部現代成文《權利法案》似乎是 1689 年英國制定的。雖然這部《法案》談的是公民個人的權利，但卻把權利的維護當做國會對王權的抗爭。第一部專為公民個人制定的《權利法案》似乎由美國起草。這部《法案》在《憲法》獲得批准之時，以前十條修正案的形式加入《憲法》。權利本身是英國普通法中早已確立的司法慣例。

18 世紀末期以來，成文權利法案的思想已經傳遍世界。大多數國家都有書面形式的權利法案，不過這些法案在法庭上的執行情況各有差異。《世界人權宣言》就直接源自這一傳統。

克萊夫・斯塔福・史密斯

(Clive Stafford Smith)

克萊夫・斯塔福・史密斯是當今最有影響力的民權律師之一。他為關押在古巴關塔那摩灣監獄的政治犯辯護，強烈反對死刑，並因此出名。2000 年，他因「為弱者提供法律層面上的人道主義援助」而被授予了「不列顛帝國勳章」。

- 1959 年出生於英國劍橋。

- 名的民權律師，著名的不得人心案件辯護律師，反對死刑。

斯塔福・史密斯出生於英國劍橋。他最初在拉德利學院就讀，畢業後放棄了在劍橋大學教書的機會，而選擇地處教堂山的北卡羅來納大學專攻新聞學。在這裏，他被校方授予了莫爾黑德獎學金。之後他又就讀於紐約哥倫比亞大學法學院。

斯塔福・史密斯早期在美國南部的路易斯安那州新奧爾良市著名的美國南部囚犯辯護委員會擔任民權律師。該委員會後改名為美國南部人權中心，以彰顯美國政府及美國公民對南部人權問題的關注。

史密斯在美國南部工作期間，逐漸走入了公眾視線。1987 年，英國國家廣播電台播出了一檔節目，名為「五月的14 個日夜」(Fourteen Days in May)。這檔令人心痛的節目主要講述了史密斯的委託人愛德華・厄爾・約翰遜（Edward Earl Johnson）在死刑執行前最後 14 天的悲慘境遇。

2004 年，史密斯重新獲得了在出生地英國的居住權。在

英國居住期間，他擔任國際人權機構「死緩委員會」英國分會的法律部主任。史密斯最出名的委託人是薩達姆・侯賽因（Saddam Hussein）。對薩達姆・侯賽因的審判於 2004 年末在美國開庭。開庭前，史密斯為薩達姆準備了一個簡短的辯護詞，後來，他又為所有被美國軍隊關押在古巴關塔那摩灣的政治犯都準備了類似的辯護詞。2007 年，他出版了一本叫《壞人》（*Bad Men*）的書，記述了他在關塔那摩灣的經歷。

史密斯的大多數委託人都是被關押在關塔那摩灣監獄的政治犯，他們中大多數人都被指控為恐怖分子，因此，人們經常認為史密斯為他們的辯護充滿英雄主義氣概。政治犯通常是冷漠無情的代名詞，但在史密斯看來，這些人才是真正需要辯護律師的人。

> 在美國，法律賦予弱勢群體直接表述自己意願的權利。他們不靠政治家來表達自己的想法。
> ——克萊夫・斯塔福・史密斯《長津演講》，2006 年

國際社會認為，布什政府針對關塔那摩灣監獄政治犯所採取的行政措施違背了《美國憲法》的相關條款。因此，一些富有正義感的美國人會驚訝地發現：斯塔福・史密斯這位英國公民似乎比美國本土律師還盡忠職守地維護着《美國憲法》。為此，史密斯甚至一度與自己祖國——英國的當權者相抗衡。

誠然，史密斯已經取得了無可比擬的成就，但不可否認，他尚還年輕，在以後的日子裏還能大有作為。也許當他真正完成他身為律師的使命時，不光英國人和美國人受他保護，全世界人民都將生活在他的庇佑之下。

商務印書館 📖 讀者回饋咭

　　請詳細填寫下列各項資料，傳真至2565 1113，以便寄上本館門市優惠券，憑券前往商務印書館本港各大門市購書，可獲折扣優惠。

所購本館出版之書籍：_____

購書地點：_____　姓名：_____

通訊地址：_____

電話：_____　傳真：_____

電郵：_____

您是否想透過電郵或傳真收到商務新書資訊？　1□是　2□否

性別：1□男　2□女

出生年份：_____年

學歷：1□小學或以下　2□中學　3□預科　4□大專　5□研究院

每月家庭總收入：1□HK$6,000以下　2□HK$6,000-9,999
　　　　　　　　3□HK$10,000-14,999　4□HK$15,000-24,999
　　　　　　　　5□HK$25,000-34,999　6□HK$35,000或以上

子女人數（只適用於有子女人士）　1□1-2個　2□3-4個　3□5個以上

子女年齡（可多於一個選擇）　1□12歲以下　2□12-17歲　3□18歲以上

職業：1□僱主　2□經理級　3□專業人士　4□白領　5□藍領　6□教師　7□學生
　　　8□主婦　9□其他

最多前往的書店：_____

每月往書店次數：1□1次或以下　2□2-4次　3□5-7次　4□8次或以上

每月購書量：1□1本或以下　2□2-4本　3□5-7本　2□8本或以上

每月購書消費：1□HK$50以下　2□HK$50-199　3□HK$200-499　4□HK$500-999
　　　　　　　5□HK$1,000或以上

您從哪裏得知本書：1□書店　2□報章或雜誌廣告　3□電台　4□電視　5□書評/書介
　　　　　　　　　6□親友介紹　7□商務文化網站　8□其他(請註明：_____)

您對本書內容的意見：_____

_____

您有否進行過網上購書？　1□有　2□否

您有否瀏覽過商務出版網（網址：http://www.commercialpress.com.hk）？1□有　2□否

您希望本公司能加強出版的書籍：1□辭書　2□外語書籍　3□文學/語言　4□歷史文化
　　　5□自然科學　6□社會科學　7□醫學衛生　8□財經書籍　9□管理書籍
　　　10□兒童書籍　11□流行書　12□其他(請註明：_____)

根據個人資料「私隱」條例，讀者有權查閱及更改其個人資料。讀者如須查閱或更改其個人資料，請來函本館，信封上請註明「讀者回饋咭-更改個人資料」

香港筲箕灣

耀興道3號

東滙廣場8樓

商務印書館（香港）有限公司

顧客服務部收